現地在住日本人ライターが案内する

魅惑の食文化
クアラルンプール・マラッカ・イポー

MALAYSIA / KUALA LUMPUR, MELAKA&IPOH

Guided by Japanese resident in Malaysia

栁澤順子

JN055047

はじめに

　マレーシア人はみんな食べることが大好き。初めて出会った人に「ナシレマッ※1ってどんなもの?」「ロティチャナイ※2ならどこがいい?」なんて話しかければ、せきを切ったように自慢のグルメを語り出すことでしょう。食べ物に対する情熱と愛情が深すぎるのです。これは多民族・多宗教国家に暮らす「マレーシア人」に共通する国民性。シャイな人もいるけれど、いったん話が弾めばしめたもの。世話焼きな彼ら彼女らは誇らしげにマレーシアについて語ってくれます。かく言う私も現地の言葉が堪能なわけでなく、身振り手振りの体当たりですが、これで会話も心も通じちゃうのです。「人と人は違って当たり前」が日常の国ですから、異国からの旅人にも物おじせず付き合ってくれます。旅の恥はかき捨てて、下手っぴぃでも構いません。知っている英語をつなぎ合わせて話しかけましょう。マレーシアがもっともっと好きになるはずです。

　本書では首都クアラルンプール(KL)とマラッカ以外にイポーとタイピンという地方都市についても紹介しています。地元の人に愛されるニッチな情報も、マレーシア料理やお国柄について理解が少しでも深まるようにと、書きました。KL は旅行者のアクセスを重視しつつ、マラッカ、イポー、タイピンはお気に入り店を取り上げました。マレーシア旅行が初めての方、常連の方、マレーシアへこれから移住を考えている方へ、かなり耳よりな情報(教えたくないものまでウッカリ入れてしもたやん!)を載せています。ぜひとも本書を旅のお供にしていただければ光栄です。"満腹で万福"なマレーシア旅行となりますように!

柳澤 順子

※1　ココナツミルクとパンダンリーフで炊いたごはんに小魚、ピーナツ、キュウリ、サンバルソースを添えたマレーシアの国民食
※2　パイのように薄い層が重なるマレーシア発祥の平たいパン

CONTENTS

ＤＡＴＡの見かた

🏠 住所　　📞 電話番号　　㊡ 定休日　　🕐 営業時間

🈯 予約について　　Ｃ クレジットカードの利用

※本書の掲載データは、2024年1月現在のものです。
　その後、各紹介スポットの都合により変更される場合がありますので、予めご了承ください。
※掲載した商品やメニューは本書発売期間中に売り切れる場合がございますので、ご了承ください。

マレーシアの基本情報

☑ 時差

日本とマレーシアの時差はマイナス1時間。日本の午前10時はマレーシアの午前9時。サマータイム（夏時間）はありません。

*東マレーシアに国内時間が統一されているため、マレー半島の日の出・日の入りは遅い。

----- time difference -----

JAPAN　　**MALAYSIA**

☑ 日本からマレーシアへ

日本からクアラルンプール（KL）への直行便は、東京（成田/羽田）、大阪（関西）から運航している。フライト時間は約7時間。

☑ ビザ

90日以内の滞在の場合、ビザは不要。但し、入国時にパスポートの有効期限が6カ月以上であることと、帰路（または出国）の航空券の所持が条件。

2023年12月より、全外国籍旅客を対象にデジタル入国カード「マレーシアデジタルアライバルカード（MDAC）」の登録を義務化。https://imigresen-online.imi.gov.my/mdac/main にて、入国の3日前から登録できる。出発前に登録を済ませておこう。

☑ クアラルンプール国際空港とターミナル

クアラルンプール国際空港にはKLIAとKLIA2、2つのターミナルがある。マレーシア航空、全日空、日本航空はKLIA、エアアジアほか格安航空はKLIA2を利用する場合が多い。搭乗前に確認しよう。

☑ 酒・たばこの持ち込み

入国に際し、酒類1本（1ℓ程度）は無税で持ち込み可。たばこはいかなる形でも課税対象（2021年7月より）。

--- Malaysia Map ---

タイピン
イポー
クアラルンプール
マラッカ
西マレーシア
東マレーシア
コタキナバル
クチン

☑ 気候

10～3月は乾季、4～9月は雨季となっているが、マレー半島の西側はモンスーンの影響がないため、1年を通して気候はほぼ同じ。スコールがあると、数日間同じ時刻に激しい雨が降ることもある。

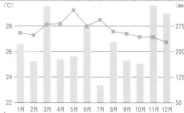

クアラルンプールの平均気温と月間降水量 (2022年)

月	1月	2月	3月	4月	5月	6月	7月	8月	9月	10月	11月	12月
平均気温(℃)	27.7	27.5	28.2	28.4	29.0	28.0	28.8	27.8	27.6	27.3	27.3	26.8
月間降水量(mm)	221	162	386	170	182	272	104	233	163	158	388	333

☑ 通貨と両替

現地通貨はマレーシアリンギット（RM）。レートはRM1＝約30.93円（2024年1月現在）。日本円からの両替は空港、銀行、ショッピングモールなどの両替所で可能。クレジットカードはレストランやホテル、スーパーなどでは使用可、食堂や屋台では不可が多い。

☑ チップ

基本的には不要。ホテルのポーターやマッサージ店の施術師などのサービスに対して心付けを渡すなら、RM5～10が目安。タクシー、レストラン、屋台ではお釣りをチップ代わりに渡す人も多い。

☑ 市内での移動

KL内だとLRT、MRT、モノレールなどの電車、バスなどの公共機関が便利。また、Grabという配車サービスアプリをスマホに入れておくと、車を呼べて、料金明瞭で安全に移動できる。

☑ 電圧とプラグ

電圧は220V、プラグはBFタイプ。電圧が日本と異なるので、対応していない家電は変圧器が必要になる。

☑ 地方都市へのアクセス

空港からバスでマラッカ、イポー、タイピンへ直行できるが、運航本数が多いのはTBSバスターミナル。電車（ETS）の場合はKLセントラル駅から出発している。いずれも空港からバス、またはKLIAエクスプレスにてアクセス可能。マラッカは空港かTBSバスターミナルからバス、タイピンとイポーはKLセントラル駅からETSが便利だ。

マレーシアの文化

☑ 言語・民族・宗教

　マレーシアはマレー系、中華系、インド系、オランアスリ（18のグループからなる先住民）が暮らす多民族国家。民族により言語、宗教、文化、生活習慣がそれぞれ異なる。公用語はマレー語。共通語として英語も広く使われている。中華系ならマンダリン（中国語の標準語）、広東語、福建語、客家語、潮州語、インド系ならタミル語やヒンディー語などが家庭内やコミュニティーで使われる。マレー系にはイスラム教、中華系には仏教、道教、キリスト教、イスラム教、インド系にはヒンドゥー教、イスラム教、キリスト教を信仰する人がいる。民族、宗教それぞれに独自の年間行事があり、州ごとに祝祭日が異なる。気候は年中高温多湿で変わらないが、それぞれの祭事から季節感を楽しむことができる。

☑ 宗教における食のタブー

　イスラム教で禁じられていることを「ハラーム」、許されていることを「ハラール」という。アルコールと豚肉は「ハラーム」なので、スーパーや市場では売り場が隔離されている。イスラム色が強いマレー半島東海岸のクランタン州やトレンガヌ州、北部のクダ州やプルリス州では酒類の販売自体が少ないので、購入したい場合には中華系やインド系（ヒンドゥー教徒）の商店を探さなければならない。本書で紹介するエリアは、飲酒で困ることはないのでご安心を。中華系の観音信仰仏教徒やインド系のヒンドゥー教徒には牛肉を食べない人、菜食主義者が多い。

☑ モスクや寺院での服装

　イスラム教のモスク、ヒンドゥー教の寺院や仏教・道教の寺院では、露出の多い服装はご法度。観光客が多い場所ではサロン（腰布）などの貸し出しもあるが、それぞれの信仰を尊重し敬う気持ちをもって訪問しよう。

☑ 外国人料金とTAXについて

　拝観料や入館料など、施設によっては外国人料金が適用される場合がある。マレーシア国内の宿泊施設に滞在する旅行者には精算時に、1泊1室あたりRM10のマレーシア観光税（TTx）が課税される。また、マラッカでは州法により世界遺産税として、宿泊者1名1泊につきRM2徴収される。

☑ スルタンと国王

全13州のうち、サバ、サラワク、ペナン、マラッカ州以外の9州にはスルタン（王）が存在する。国王は5年おきにこの9州（9人）から選出されるが、政治的な権力はない。スルタンの誕生日は州ごとに祝日となる。

☑ 主な祭事 (祝日)

宗教ごとに暦が異なり、祭事、祝日は年によって変わる。イスラム教はヒジュラ暦、中華系は旧暦、ヒンドゥー教はヒンドゥー暦に基づく。それぞれの祭事前、街やショッピングモールは趣向を凝らしてデコレーションされ、多くの人でにぎわう。特にチャイニーズニューイヤー、ハリラヤ、ディパワリ、クリスマス前は盛大。ブキッビンタンの大型モール「パビリオン」の装飾は見ごたえあり。また、ラマダンの時期は、夕方になると総菜が並ぶラマダンバザールを開催する。

1月1日	新年
1月25日	タイプーサム
2月10日	チャイニーズニューイヤー
3月12日	ラマダン (断食月開始)
4月10〜11日	ハリラヤ (断食明け、新年)
5月1日	レイバーデー
5月22日	ウェッサックデー (釈迦生誕祭)
6月3日	国王の誕生日
6月17〜18日	ハリラヤハジ (犠牲祭)
7月7〜8日	イスラム暦新年
8月31日	ナショナルデー (独立記念日)
9月16日	預言者ムハンマド生誕祭
	マレーシアデー
10月31日	ディパワリ (光の祭典、新年)
12月25日	クリスマス

※2024年予定。民族・宗教的行事の日付は毎年変わる。

☑ マナー

公園内の立て看板には、禁止事項がたくさん書かれている。ゴミのポイ捨てや落書きのほか「イチャつき禁止」という項目もあり、違反するとRM2000以下の罰金が課せられる。実際に摘発された事例はあまりないが、公の場での男女間の振る舞いには気を付けた方がいい。ホテルではにおいの強いドリアン、殻から出る赤い汁がシミになると落ちないことから、マンゴスチンの持ち込みを禁じている。

マレーシアの歴史

　さかのぼればその歴史は長く、クダ州のブジャンバレーを訪ねると紀元前から王国が存在し、マレー半島はすでに世界各国との貿易中継地として発展していたことが分かる。本書で主に紹介する4つの都市の歴史と発展について見ていこう。

マレーシアの歴史

1396年	▶ シュリーヴィジャヤ王国最後の王子パラメスワラがマラッカ王国を建国。
1405年	▶ 明朝から命を受け、平和的な修好と通商を目的としたイスラム教徒の海軍大将・鄭和(チェンホー)が、大船隊を率いてマラッカに初寄港。イスラム教が徐々に普及し始める。
1511年	▶ ポルトガルがマラッカ王国を占領。マラッカ国王はジョホール王国を建国。
1641年	▶ 度重なる攻撃の末、オランダがマラッカを占領。
1786年	▶ クダ王国からイギリスへ、ペナン島を割譲。
1824年	▶ 英蘭協約。ペナン、マラッカ、シンガポールが海峡植民地に。
1800年代半ば	▶ タイピン、イポー、スランゴール州アンパンにてスズの大鉱脈を発見。マレー半島のスズ鉱業が急速に発展する。
1861年	▶ ラルート内戦(〜1874年)。
1867年	▶ スランゴール内戦(〜1873年)。
1874年	▶ パンコール条約を締結。イギリスの駐在官が各州に派遣される。
1896年	▶ 半島部4州からなるマレー連合州が成立。首都をクアラルンプールに定めて、海峡植民地から内陸へと、イギリスの支配が広がる。
1941年	▶ 日本軍がマレーシアを占領(〜1945年)。
1945年	▶ 第二次世界大戦が終結。マレーシアは再びイギリス領となる。
1948年	▶ マラヤ反英民族解放戦争(〜1960年)。
1957年	▶ 8月31日、イギリスよりマラヤ連邦が独立。
1963年	▶ マラヤ連邦にシンガポール、サバ、サラワク州を加え、マレーシアとなる。 ▶ クアラルンプールを首都に制定。
1965年	▶ シンガポールがマレーシアから離脱・独立。現在のマレーシアとなる。

クアラルンプール（KL）

　クラン川とゴンバック川が交わる地、マスジッドジャメッ周辺は、かつては商店と民家が数軒あるだけの小さな集落だった。KL郊外のアンパンでスズ鉱脈が発見されると、採掘のため中国人労働者が集められ、スズや物資運搬のためにクラン川が使われたことで周辺の都市開発が進んだ。しかし1870年代にスズと政権を巡る内戦で街は焼失、加えてスズの価格も急落した。KLの再建に尽力し発展の重要な役割を担ったのはKLの父、カピタン・ヤップ・アーロイ。現在のマスジッドジャメッからチャイナタウンに残る街並みは彼の功績を示し、その名は通りの名前として現在も残っている。

イポー

　無骨にそびえ立つ石灰岩の山々、木々の合間から露出する白い岩肌。1万年以上前から存在するこの山や洞窟には約4000年前の壁画が残り、人間が暮らしていたことを示している。イポーが黄金期を迎えたのは19世紀末。スズ鉱業が盛んになると、西洋の影響が今も残るオールドタウンは大都市へと発展した。1920年代にはスズで多大な富を得た中華系富豪がキンタ川を渡ってニュータウンを開発。州都がイポーへ遷都して大繁栄を遂げるも、第二次世界大戦後にスズ鉱業は徐々に衰退していった。現在は、歴史、自然、美食の街として、再び脚光を浴びている。

マラッカ

　15世紀初期の鄭和寄港（チェンホー）から始まり、ポルトガル、オランダ、イギリスによって統治された。中国（主に福建省）からビジネスチャンスを求めて男たちが単身でマラッカに渡って起業。貿易やプランテーション経営で成功を収め、現地女性と結婚して家庭をもった。これが中華系プラナカン、ババ（華僑男性）ニョニャ（現地女性）の始まりだ。東西貿易の中継地として西洋文化を取り入れつつ、中華でもマレーでもない独特な文化が生まれた。その伝統は現在も脈々と受け継がれている。長きにわたる各国の統治時代を経て、異国情緒漂う世界文化遺産の街となった。

タイピン

　19世紀半ば、広大なスズ鉱脈の発見により、経験豊富な工夫がペナンや中国からラルート（現・タイピン）へ集められた。彼らは同郷人同士で「幇（パン）」という組合を作るが、これが秘密結社と化し、客家人の「海山幇（ハイサンパン）」と広東人の「義興（ギヒン）」によるスズの利権抗争が勃発する。イギリスの介入で内戦は終結し、2度と不幸な争いが起こらぬよう願い「タイピン（太平）」と改名した。しかし、スズの採掘は地下水面の上昇などが原因で困難となり、新たな職を求めて工夫はイポーへ移った。スズの露天掘り跡は池となり、レイクガーデンに残っている。

世界遺産の街・マラッカに流れるマラッカ川。早朝、水面に映る町並みがとてもきれい。

タイピンのインド寺院周辺やリトルインディアにはお供え用の生花店が並ぶ。

（写真上）イポーのミューラルアートレーン。路地裏を彩る壁画はローカルアーティストが手がけたもの。
（写真下）クアラルンプールのチョウキット市場周辺にはマレーシアやインドネシアの屋台がずらり。

ポルトガル植民地時代の末裔が暮らすマラッカのポルトギース スクエア。

マレー半島の海岸沿いにある村はどこもシーフードが新鮮でうまい!

クアラルンプールの象徴ペトロナスツインタワー。夜のライトアップは必見です。

Malaysia

Kuala Lumpur
クアラルンプール

100年以上も昔からたたずむショップハウスを取り囲むように高層ビルが立ち並ぶ。
カラフルなヒンドゥー寺院や中国寺院にアジアを感じ、モスクからの礼拝時間を告げる
アザーンが街に響けば、ここがイスラムの国であることを実感する。
多民族、多宗教、多言語が飛び交う融和の国へようこそ。

NZ Curry House
NZ カリーハウス

| MAP/ P155-C1 | **RESTAURANT** |

ペトロナスツインタワーのお膝元でロティチャナイに舌鼓を打つ

力強く台にたたきつけながら薄く生地を延ばしては折り畳む。パイのようなマレーシア発祥の平たいパンのロティチャナイは、朝・昼・晩ごはんに、またおやつにも食べられ、時間を選ばず、マレーシア人誰もが愛してやまぬもの。主にインド系ムスリムが営む食堂ママッストールにて食べること

ができます。卵、玉ねぎ、サーディンを包み込んだおかず系ほか、バナナや砂糖、麦芽飲料を練り込んだデザート系なども。甘いロティにも豆のカレーのダールやピリ辛フィッシュカレーが必ずセットされている。「合わん、合わん！」なんて言ってるのもつかの間、食べると分かるこのおいしさよ！

1.2. ママッストール（Mamak Stall）は、南インド料理が安い！**3.** 基本的に紅茶（Teh）、コーヒー（Kopi）は砂糖入り。紅茶のミルクなしはテーオ（Teh O）、エバミルク入りはテースィー（Teh C）、砂糖ミルクなしのストレートはテーオーコソン（Teh O Kosong）と注文しよう。

ロティチャナイ（Roti Canai）RM2（奥）。米粉とウラド豆粉から作るクレープ状のトーセ（Thosai）を、さらに薄く伸ばしてパリッと焼き上げたトーセペーパー（Thosai Paper）RM4.50（手前）。

DATA

🏠 Lot 42, Jalan Ampang, Kampung Baru, KL 　📞 03-2162 8008 　🈺 無休
🕐 6:00〜翌1:00 　💳 可

Altitude
アルティテュード

| MAP/ P155-C2 | **RESTAURANT** |

アフタヌーンティーは1人 RM188。コーヒーまたは紅茶のリストから好みのフレーバーを一つチョイスする。内容は季節ごとに変わるので注意。予約はウェブサイトから。

優雅なアフタヌーンティーのひとときを摩天楼とともに

イギリス統治時代からの文化だろうか、職場でも家庭でも15時〜16時にはティータイムの習慣があるマレーシア。伝統菓子クエやビスケットをつまみながらほっと一息。クアラルンプール（KL）のホテルやカフェでは、日常から離れぜいたくなアフタヌーンティーを体験できる。クラシックで重厚な雰囲気ならマジェスティックやリッツカールトン、マンダリンオリエンタルなどのホテルが人気だが、思い切り都会的なバンヤンツリーホテル内53階のアルティテュードはいかが？　セイボリー（軽食）＆デザートを味わいつつ、窓向こうに広がる壮観な眺望を楽しんで。

58階ホライゾングリル（Horizon Grill）は朝食、ランチ、ディナーあり。60階にはバー、ヴァーティゴ・トゥー（Vertigo TOO）などもある。ビル群の素晴らしいパノラマが広がる。

DATA

🏠 Level 53, Banyan Tree Kuala Lumpur/ 2, Jalan Conlay, KL　📞 03-2113 1823　🈺 無休
🕒 15:00〜17:00　📋 要予約　💳 可

Irama Dining

イラマ ダイニング

| MAP / P155-C2 | **RESTAURANT** |

ワラビとトーチジンジャー（左奥）、シカクマメとイカ（手前）、マンゴーとアンチョビー（右奥）の三種の
サラダをそれぞれシェフ特製ソースでいただく、クラブプラッター（Kerabu Platters）RM36。

繊細なスパイス使いがたまらない、クラシックで上品なマレー料理

屋台だったり、庶民的な食堂だったり、肝っ玉母ちゃんが切り盛りする家庭的なマレー料理の店が大好きなのですが、たまには高級感のあるレストランにも行ってみたい！洋モダンな空間でいただくメインディッシュは牛肉の煮込み料理ビーフルンダン、豪快に焼いた魚料理イカンバカー、その

昔アラブ人から伝わったとされるタイのマッサマンカレーがおすすめ。マレー料理に欠かせない名脇役、うま味豊かなサンバルソースも繊細な味付けで、調理へのこだわりはさすがプロの技。アラカルトでの注文に悩みそうなら、お得なランチタイムがおすすめ。夜はディナーセットもあります。

1.スモークダックマッサマンカレー（Smoked Duck Massaman Curry）RM38。洋風シチューのようなまろやかな味わい。**2.**マレー料理に欠かせないサンバル。7種類からお好みで3種を盛り合わせるサンバルプラッター（Sambal Platters）RM22がお得。**3.**夜はKLタワーのライトアップを見ることができるテラス席がおすすめ。家族や友人とディナーを楽しんで。

DATA

🏠 Lot 2 Old Malay, Lorong Raja Chulan, KL　📞 011-2342 0200　🈺 月曜
🕐 12:00〜22:00　🈁 可　🅲 可

Banglo 289

バングロ 289

| MAP/ P155-C2 |　　**CAFE**　　|

なぜこんなところに一軒家？　大都会にたたずむおうちカフェ

KL屈指の繁華街、高層ビルが立ち並ぶ一画にぽつりとたたずむ瀟洒(しょうしゃ)な店。ここでは各地のオーセンティックなマレー郷土料理を堪能しよう。各地それぞれ自慢の味をそのまま提供し、食材は産地にこだわり厳選している。ガッツリごはん系から平たいパンのようなロティチャナイといった軽食、

カラフルで愛らしいマレー伝統菓子のクエ(ういろうや蒸しパン、餅などの和菓子に通じるものが多々)、揚げバナナのデザートなどメニューも豊富だ。緑に囲まれた涼しい庭で過ごす昼下がり。繁華街のど真ん中にいることを思わず忘れてしまうほど、穏やかな店の雰囲気に心和む。

1.シロップが染み出るクエ・チャラマニス(Kuih Cara Manis)、餅の中にグラムラカ(マラッカ産のヤシから採れる黒糖)が隠れたオンデオンデ(Onde Onde)は口の中でプチッと弾ける食感が楽しいおやつ。**2.**各地のナシレマッが勢ぞろい。**3.**マレーシアは番地を店名にする飲食店が多い。

DATA

🏠 289, Jalan Raja Chulan, Bukit Ceylon, KL　📞 03-2022 2060　🈳 無休
🕐 7:00〜16:00　💳 可

The Zhongshan Building

チョンシャン ビルディング

| MAP / P154-B4 | **GALLERY & CAFE** |

多才なクリエーターが集結！KLのアートシーンに触れてみよう

　中心地から少し離れたカンポン・アタッ地域に残る1950年代に建てられたショップハウス。かつて中国広東省中山市からやってきた人々のコミュニティーセンターや商業施設が入っていた場所だ。入り組んだ階段・廊下を通り抜け各部屋をのぞいてみよう。ミュージシャン、ファッションデザイナー、グラフィックデザイナーなど、若きクリエーターたちの活動を間近に見ることができる。アートギャラリー、カフェ、バー、ベーカリーなども入っている。分野は違ってもものづくりへの情熱は共通するものがあり、訪れる人々をワクワクさせる独特の空間が広がっている。

1. ニット作家の工房。気に入ったものがあれば購入も可能。**2.** 希少なコレクションがいっぱいの書店。課題用の参考文献を探しているのか、学生の姿も。**3.** レコードコレクターなら、ビビッと来る掘り出しものが見つかるかも。マレーシアブランドの文具店や化粧品店ものぞいてみて。

DATA

🏠 80-84, Jalan Rotan, KL　　🕐 月曜休業が多いが、ベーカリーは無休
💰 店舗により異なる

Ilham Gallery

イルハム ギャラリー

| MAP/ P155-D1 | **GALLERY** |

マレーシア人アーティストを中心に世界の現代アートの魅力を発信

マレーシアに来たばかりの頃、芸術に関心をもつ人が周りにおらず、身近なものでもなかった。オシャレなショップやカフェもなかったし、バンコクやバリと比べるとKLはあか抜けない街だった。あれから20年、海外へ留学する人や旅行する人が増えたことも影響し、現代美術や伝統工芸・芸能に対する価値観に変化が起き、多彩なイベントが開催されるようになった。なかでもイルハム ギャラリーの企画展は見ごたえ十分。年に数回テーマを変えて国内外の現代アートを無料公開している。ギフトショップでは美術関連の書籍や地元アーティストの小品が購入できます。

作品の時代背景や作者の思いなど、テーマに沿って分かりやすく展示・解説されている。

1.館内は入館無料。メインギャラリーは5階、小ギャラリーは3階にある。マレーシア国内外を問わず幅広いジャンルのアーティストや作品を紹介している。**2.**マレーシアをテーマにした土産品、美術関連の書籍などを販売。店内にはカフェスペースもあります。

DATA

Levels 3 & 5, Ilham Tower/ No.8 Jalan Binjai, KL　03-2181 3003　月曜・祝日
11:00〜19:00(火〜土曜)、11:00〜17:00(日曜)　可

人気のローカルグルメを味わう

外食文化が定着しているマレーシア。毎日毎食外食！ という人も多い。
食事時には通りのあちらこちらに屋台が出現する。
グルメ大国マレーシアならではの超ローカルなごはんに挑戦してみよう

Lunch!

テンガー通りの屋台街 ▶MAP/P155-C2

KLモノレールのラジャチュラン駅を
降りた西にあるオフィス街、テンガー
通りには10時30分ごろからたくさんの
屋台が出る。この辺りでレストランに
入るとなかなかのお値段。だからこそ、
この屋台街が重宝されるのだ。整然と
並ぶ持ち帰り用のランチ。待ち時間も
なく、サッと買えてリーズナブル。もち
ろん味もよし！

住 Jalan Tengah, KL　休 土日祝日

1.すぐ持ち帰ることができるようにパッキングされている。2.スイーツ、フルーツ、ジュースの屋台もある。持ち帰りのフルコース！ 3.揚げ物は揚げたてを提供。4.容器にごはんをよそってもらい、好きなおかずをどんどんのせよう。5.汁物も持ち帰りできます。

大きな公設市場であるプドゥマーケットがあるエリア。人通りも多く、夕方からは混み合います。

プドゥの〝食いしん坊街〟

Dinner!

▶ MAP/P155-C4

夜の屋台街といえばブキッビンタンからほど近い、アロー通りが観光客の間では有名だ。でも、せっかくならローカルらしい夜を過ごしませんか？ プドゥのサユール通りにある通称「ワイセックカイ（食いしん坊街）」には、庶民的かつ昔ながらの屋台が並ぶ。なかでも私のお気に入りの店は、90年以上この地で営業を続けているタイブミー（春記大埔面）だ。ここでは、おかゆや餅類などのおやつも堪能できる。個々の屋台は清潔にしているし味も抜群なんですが、道路がちょっと汚いので、潔癖な方には不向きかもしれない。

🏠 Jalan Sayur, Pudu, KL (Pudu Wai Sek Kai)

1.茶器に入った小さなお餅。注文するとその場でパカッと開けてココナツフレークをまぶしてくれる。2.ハッカドライタイプミー（客家干酪大埔面）RM9。昼間はサユール通りにある店舗で営業している。

Sek Yuen

セック ユィン

| MAP/ P154-C4 | **RESTAURANT** |

創業時から変わらぬ味。円卓を囲みにぎやかに豪快に

マレーシア人は民族問わず家族や親戚、友達や同僚との食事の時間をとても大切にしている。外食文化ゆえ平日に集まることも多いが、週末ともなると誕生日をお祝いする歌声に出くわすこともしばしば。そんな大勢での会食にはセック ュィンがおすすめ。手頃な価格で古き良き中華料理を堪能できます。内装、テーブル、椅子に至るまで1948年創業当時のままで、KL生まれの中華系の人なら一度は訪れたことがあるほどの老舗。1971年には冷房完備ルームを隣に増築した。料理は1人だとちょっと量が多いかも。麺類もあるので、ランチに気軽に立ち寄ってみて。

1.子どもの頃から通う常連客が多いが、初めてでも熟練スタッフが優しくサポートしてくれます。**2.**苦瓜と牛肉の豆鼓ソース炒め（Stir Fried Beef with Bitter Gourd）。**3.**前菜には春巻きとミートボールフライ（Spring Roll & Fried Meat Ball）をどうぞ。

1人当たりの予算はRM35〜100が目安。写真は、皮はパリッと身は柔らかな琵琶鴨 (Pipa Duck)
と、サツマイモの葉のニンニク炒め（Stir Fried Sweet Potata Grenn Leaves）。

DATA

🏠 313-1, Jalan Pudu, KL　☎ 03-9222 9457　🈺 月曜
🕐 11:00〜15:00、17:00〜21:30　🈹可　🅲可

Siew Ngap Fai

スィウ ガップ ファイ

| MAP/ P155-D4 | **RESTAURANT** |

ローストダック激戦区の老舗。ふっくら柔らか、食べなきゃ損!

マレーシアと言えば「ハイナンチキンライス(海南鶏飯)」だが、それと同じぐらい手軽に食べることができておいしいのが、ローストダックライスだ。鴨肉が大好きでかなり食べ歩いてきたが、KLならこの店が私のベスト3に入る。なんと1900年から家族代々伝わるレシピを継承しており、店を構えたのは1945年とのこと。ここの鴨肉は特有の匂いもなくて、とても柔らか。現在は4代目夫婦が調理し、5代目の娘さんと3代目のおばあさんが店を切り盛りしている。足繁く通うもタイミング悪く、いつも売り切れなのがローストグース。いつか必ず食べたい一品だ。

1.チャーシューやローストポークもある。どちらも肉厚でジューシー。**2.**ドラムスティック(下もも肉)はぶつ切りなので、骨が面倒な方は胸肉をどうぞ。Duck Rice RM11。**3.**からし菜の漬物と鴨や豚肉をドライチリと一緒に煮込んだスープ(Salted Vege Duck Soup)。辛さと酸味が病みつきになる。

DATA

🏠 34, Lorong Yap Hin, KL　📞 03-2142 8394
🕐 10:30〜16:30　💳 不可

Restoran Ruby
レストラン ルビー

| MAP/ P155·C4 |　　CAFE　　|

「おいしくなければ、お代は結構!」

「不好吃，不收錢（おいしくなければ、お代は結構!)」。高々とスローガンを掲げるこの店は1888年創業。黒ゴマ（黒芝麻）、ピーナツ（花生）、アーモンド（杏仁）、くるみ（胡桃）を伝統的な製法でペースト状（糊）にしたお汁粉風デザートが楽しめる。3回目のデートで夫が連れてきてくれた店。夫は黒ゴマ、私はピーナツをすする。「おいしい?」とほほ笑みながら私をのぞき込む夫に度肝を抜く。歯が真っ黒でお歯黒状態‼　あれから20年、年頃となった子どもたちに「デート中のチーマーウー（黒芝麻糊）はあかんで!」とこっそり教える今日この頃。

1.お汁粉風デザートの数々。黒ゴマ、ピーナツはRM5、アーモンド、くるみはRM7。ハーフ＆ハーフはRM5〜RM7、全部ミックスはRM9。ラテアート風に提供され心がくすぐられる。**2.**現在は5代目が調理。こわもて兄弟が腕を振るう。**3.**とにもかくにもド派手な店内に驚くなかれ。

DATA

🏠 32, Jalan Kancil, Off Jalan Landak, Pudu, KL　☎ 03-2141 3250
🛌 火曜　🕐 12:00〜24:00

MARKET

B級グルメ好き、集合!

クアラルンプールにあるローカルフードが食べられる市場を紹介。
人気フードコートで朝ごはんはいかがでしょう?

1.ホアンジウジエンチーパオ(黄酒煎鶏包)は、紹興酒(黄酒)が香る鶏ミンチときくらげの餡が詰まった肉まんをせいろで蒸した後に焼き目をつけたミニおやき。**2.**漢方薬を煎じる時に使うポットでローカルコーヒーのコピ(Kopi)を入れる。ここの人気はコピと紅茶のテー(Teh)をミックスした海南茶。**3.**みんな大好きなアポム(Apom)はマレーシア風ピーナツパンケーキ。**4.**チーチョンファン(猪腸粉)はほとんどの点心の店にある定番の一品。

ICC Pudu
ICCプドゥ

| MAP / P155-D4 |　　**MARKET**　　|

早朝から昼まで活気あふれる「食い倒れ市場」

ICCプドゥの前に立って、近代的なビルを眺めれば「これが市場?」と疑念をもつに違いない。残念なことに地下にある生鮮食品を扱う市場は後継者不足や、コロナ禍の影響でほとんどが店じまい。うって変わって、地上階はたくさんのお客で大盛況だ。市場は移転を繰り返しつつも100年以上営業しているため、このフードコートには200店舗ものマレーシアを代表するB級グルメの店が集まっている。お店の数が多いので、まずはぐるりと一周してから、食べたいものに目星をつけるべし。料理を注文した後は、なるべく店の近くのテーブルに席を取ろう。

平日でもこのにぎわい。営業時間中フードコートはお客さんであふれかえる。

DATA

🏠 Jalan Kijang, Pudu, KL　📞 03-2111 1111　㊡月曜
🕐 6:00〜15:00　💳 店舗により異なる

Kaksom Kg Bharu
カッソム カンポン バル

| MAP/ P155-C1 | **RESTAURANT** |

正午になるとおかずが出そろう。肉や魚類はRM5〜8が目安。

マレー半島東海岸の郷土料理を味わい尽くす!

グルメ大国・マレーシア。せっかく来たなら、いろいろな味にチャレンジしてみたい。そんな欲張りさんにはナシチャンプルを。ごはんが盛られたお皿に、好きなおかずを好きなだけ。カレー類は具なしで汁のみかけてもOK。このような料理をインド系ならナシカンダーやバナナリーフライス、中華系だとミックスライスや経済飯、ミナンカバウ系の店ではナシパダンと呼び、マレーシアの家庭的な料理を安価に食すことができる。東海岸のマレー料理は甘いと言われがちだが、この店は辛さも甘味も塩味もバランスよく、おかず、カレー、ごはんの種類も豊富で大満足です。

1.バタフライピーで色付けしたナシクラブ(Nasi Kerabu)はマレーハーブをたっぷり添えて。奥はタイ米や野生米をフェネグリーク(スパイスの1種)、ニンニク、生姜とともにココナツミルクで炊いたナシダガン。どちらも東海岸の名物。**2.**パパイアのサラダのソムタムやマンゴーと餅米のデザートもある。

DATA

🏠 13 B, Jalan Raja Muda Musa Kg Baru, KL　📞 017-613 1195　🗓 不定休
🕐 7:00〜24:00　💳 不可

Alfiyah Lontong Jawa Asli

アルフィヤ ロントン ジャワ アスリ

| MAP/ P155-C1 | **RESTAURANT** ※ |

ココナツ香るマレー風スープかけごはんだけど、餅米なのね!

バナナの葉っぱに餅米を包んで湯がいた筒状のごはん。そのものの味は淡泊。これに野菜や厚揚げ、ゆで卵を加えたココナツミルクのスープをかけて食べるスープごはんがロントンだ。インドネシア起源の食べ物だが、マレーシアの食堂でもよく見かける一品。サンバル(辛味調味料)と

スルンディン・クラパ(さまざまなスパイスペーストとともにココナツフレークを煮詰めて炒ったふりかけ)で味を調えながら召し上がれ。餅米の粒が残ったクエ・ロペスはグラムラカン(ヤシから採れる黒糖)をたっぷり浸して食べましょう。もっちりとした食感がおいしいデザートです。

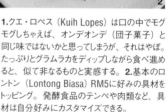

1.クエ・ロペス(Kuih Lopes)は口の中でモグモグしちゃえば、オンデオンデ(団子菓子)と同じ味ではないかと思ってしまうが、それはやぼ。たっぷりとグラムラカをディップしながら食べ進めると、似て非なるものと実感する。**2.**基本のロントン(Lontong Biasa)RM5に好みの具材をトッピング。発酵食品のテンペや肉類など、具材は自分好みにカスタマイズできる。

DATA

🏠 Stable Kitchens内/ 13, Jalan Raja Muda Musa, Kg Baru, KL ☎ 011-1238 1585
🕐 月曜 ⏰ 7:00〜13:00 💳 不可

※ 正確には屋台としての営業

Yarl
ヤール

| MAP / P154-B1 | **RESTAURANT** |

毎日でも飽きのこない、スリランカのターリーランチはいかが

日本では濃厚なカレーが特徴の北インド料理やネパール料理が人気だが、インド料理とひと口に言っても種類は多く奥深いもの。マレーシアではママッ、ナシカンダー、バナナリーフといった南インドがルーツの店が多く、カレーはさらさらとしたスープのよう。ここヤールはインドからさらに南に位置するスリランカ料理のレストラン。種類豊富な日替わりおかずの中から、好みの具を選んでワンプレートに収めるターリーがお得。タマリンドの酸味とチリの辛味が絶妙にマッチしたラッサム（南インドのスープ）付きです。朝から晩まで通し営業なので便利。

1.ランチはベジタリアンセット RM12.50、チキンカレーセット RM15.50、マトンカレーセット RM19.50 の3種。**2.**米粉とココナツミルクの生地をパリッと焼いたアッパム（Appam）にバニラアイスクリームをのせて。**3.**1940年代のイギリス植民地時代の建物を店として使用している。

DATA

No 24, Jalan Doraisamy, KL　012-375 9883
無休　9:00〜22:00　可　可

Column.2

パサーマラム (Pasar Malam)に 行ってみよう!

B級グルメ屋台がずらりと並ぶ夜市が週1で開催されており、地元住民を中心に、にぎわいを見せてます

散歩がてらの食べ歩きが楽しい。

約2kmにわたって屋台が続くタマン コンノート夜市。

パサーは市場、マラムは夜。パサーマラムとはマレーシアの各地で開催される夜市のこと。市場で買い物や食事をする人も多く、夫婦共働きで外食する家庭が多いマレーシアならではの文化だ。住宅地で週に1度開かれるパサーマラムは、生鮮食品、お菓子、衣料品、キッチン雑貨におもちゃとなんでもそろう移動式市場。家族と食事ついでに買い物したり、夜が更けると地元の友達同士で集まって夜食を楽しむ若者の姿を見ることができ、何より食べることが大好きで宵っ張りなマレーシア人の日常を垣間見られる。18時から22時に開催されるが雨天時は中止。Grabなど配車サービスアプリを利用するなら、渋滞を考慮して17時ごろ、または19時以降に出かけるのがおすすめ。

1.圧倒されるほどのお菓子の数に大人も目を輝かせる。**2.**ジャックフルーツは抗酸化ビタミンやミネラルが豊富なスーパーフルーツ。ドリアン、ドラゴンフルーツと並ぶ南国フルーツの代表！　**3.**マレーシア風ピーナツパンケーキ、アポム（Apom）は屋台の定番料理。**4.**クロポッ（Keropok）は魚のすり身を揚げたもの。

5.8の字ハンガー（手前）は家にあると便利。**6.**キッチン用品や塗り薬なども販売している。

開催曜日別！主なおすすめ夜市

Kepong Baru
（クポンバル）
▶ MAP/P156-A1
古くからある住宅地の中心にある商店街で開催される。食べ物の屋台が好評だ。

SS2
（エスエストゥー）
▶ MAP/P156-A2
近くに大きなフードコートがある。ドリアンが食べられるお店がたくさんあるのが魅力。

Sri Petaling
（スリペタリン）
▶ MAP/P156-B2
ローカル飲食店、カフェやパブなど、周囲にはたくさんの店があるので散策してみよう。

Taman Connaught
（タマン コンノート）
▶ MAP/P156-B2
約2kmにも及ぶ夜市は、KLで最大規模。若者、遠方から来る人など、客足が絶えない。

Taman OUG
（タマン オーユージー）
▶ MAP/P156-B2
大きな住宅街の中心で開催。お客のほとんどが地元の人。味重視のグルメ店がそろう。

Jelatek
（ジュラテッ）
▶ MAP/P156-B1
マレー系の食材を扱う店、屋台が多い。公共機関のLRTでのアクセスが良好で便利。

Tunku Abdul Rahman
（トゥンクアブドゥルラマン）
▶ MAP/P154-B1
生鮮食品はフルーツぐらいで、調理済みの食べ物や衣類などが豊富にそろう。旅行者に好評。

●は中華系の夜市
●はマレー系の夜市

Kafe Kleptokrat

カフェ クレプトクラット

| MAP/ P154-B2 | **CAFE** |

迷い込んだ庭で思いがけず涼を得る。小さなオアシスここにあり

　カフェや書店などが並ぶヘリテージビルディング。そのなかの一軒がクレプトクラットだ。小さな入り口からは想像もつかないほどの陽光が降り注ぐパティオもあり、プールサイドでリゾート感を満喫しよう。カフェと名乗るも、メニューには本格的なマレー料理が多い。珍しいラクサジョホールのほか、同じくジョホールやスランゴール州のジャワ系マレーの郷土料理ナシアンベンもあるじゃないか！とついつい興奮してしまう。赤レンガの壁にレトロなインテリア。つい長居をしてしまいがちな居心地のいいカフェです。周囲に目をやり「ケーキもおいしそう」と独りつぶやく。

ラクサジョホールRM32。サバとエビのミンチに塩漬けの魚を加えたグレイビーソースのパスタ。

1.ゲストハウスMingle Highstreetを併設。**2.**ごはんと麺、ルンダン、アヤムゴレン、コロッケのようなブルグディル（Bergedil）、スルンディンクラパ、発酵食品のテンペなどがのったマレーのおかず満載プレートナシアンベン（Nasi Ambeng）RM30。**3.**パッションフルーツ果汁のソーダ割り（Passion of Kafe Kleptokrat）RM15（右）とはちみつレモン（Honey Lemon）RM10（左）。

DATA

🏠 18, Jalan Tun H S Lee, City Centre, KL　📞 017-642 8052　🏖 無休
🕐 11:00〜22:00　💳 可

Restoran Bandariya

レストラン バンダリヤ

| MAP/ P154-B2 | **RESTAURANT** |

並ばずにはいられない行列! 絶品アヤムカンポンゴレン

アヤムはチキン、カンポンは村、ゴレンは揚げるという意味。では「アヤムカンポン」とは一体なんでしょう?文字通り村の鶏、つまり放し飼いの鶏を揚げたもの。アヤムカンポンは身が引き締まって脂身が少ないため揚げ物に最適。アヤムゴレンには衣がついたものと素揚げがあるが、このこのは素揚げ。「カサカサでパサパサなのでは?」なんて見た目で判断は禁物。パリッとした皮にしっとりとした肉、中までしっかり味が染み込んでいて、決して味は濃くない絶妙の仕上がりはまさに"口福"。そのおいしさを求めて、お昼時には多くの人でいつもにぎわっている。

1.手前はアヤムカンポンに青唐辛子のサンバルをかけたもの (Ayam Kg Sambal Hijau Dada) RM10.50。ほかに、もやしの炒め物やサンバルブラチャン(エビ風味のピリ辛ペースト)などもある。
2.マレー語で胸肉はダダ(Dada)、もも肉はプハ(Peha)と覚えておくと便利。**3.**お客の回転は早い。

DATA

🏠 8, Jalan Tun H S Lee, City Centre, KL 　📞 019-376 7051 　㊡ 日曜
🕐 11:00〜15:00 　© 不可

Tanglin Express

タングリン エクスプレス

| MAP / P154-B2 | **RESTAURANT** |

1948年創業。ナシレマッ専門店の味は地元民のお墨付き!

ナシレマッとは言わずもがなマレーシアを代表する国民食だ。ココナツミルクとパンダンリーフで炊かれた豊かな風味のごはん、ピリッとした辛味と発酵アミエビ調味料ブラチャンのリッチなうま味が相まったサンバル、塩味が効いた揚げ小魚イカンビリス、ピーナツにキュウリと

ゆで卵を添えたものが基本形のナシレマッ・ビアサ(ビアサ=普通の)だ。これに鶏の唐揚げアヤムゴレンや牛肉の煮込みルンダン・ダギンなどをお好みでトッピングすれば、ボリューム満点! KL近郊にいくつか店舗があるが、ここは旅人に便利な立地でイートインも可能です。

写真は柔らかなビーフが食欲をそそるナシレマッダギン(Nasi Lemak Daging)RM9。甘めのサンバルが特徴の同店だが、ほどよい辛さを求めるなら足を延ばしてダマンサラウタマにあるビレッジパークを訪ねよう。どちらもクランバレー地域のナシレマッの名店です。

DATA

🏠 10, Jalan Tun Perak, City Centre, KL　☎ 011-1309 6897　🈺 土曜、日曜
🕐 7:00〜15:00　💳 不可

Selly's Corner
セリーズ コーナー

| MAP/ P154-B2 | **RESTAURANT** |

バナナリーフライスは野菜のおかずが多彩でヘルシー。

バナナリーフの上に好きなおかずを好きなだけ♪

マレーシアのインド系ぶっかけごはんといえば、ナシカンダーのほかにバナナリーフライスがある。南インド料理でもナシカンダーやママッストールはムスリムが営む店、一方バナナリーフライスはヒンドゥー教徒が営む店だ。だから、チキンやマトン、魚介類はあるがビーフはご法度。ごはんと好きなおかずをバナナの葉にのせ、酸っぱ辛いスープのラッサム、ポッパダムというおせんべいと一緒にいただこう。テンペや豆腐などベジタリアン向けのおかずが多いのも特徴。ここはスパイスや味付けも軽めなのでインド料理初心者にもおすすめ。トーセ（クレープ）などの軽食もあります。

1.7時〜12時、14時〜閉店まではトーセやロティなどの軽食を、12〜14時はバナナリーフライスを提供している。**2.**バナナリーフライスが始まるやいなや、男性たちが行列を作る。民族問わず、人々が集まる店に当たり多し。**3.**アイスレモンティーはビッグサイズ！

DATA

🏠 17B, Jalan Gereja, KL　🚫 土曜　🕐 7:00〜18:00　💳 不可

ART&CULTURE

チャイナタウンの最新スポット

映画館の面影を残しつつ生まれ変わった REXKL では、マレーシアで活躍する
さまざまなジャンルのクリエーターがイベントを企画している。
グルメやショッピングも楽しめます

ブックエクセス（BookXcess）は、マレーシア各地に支店をもつユニークな造りの大型書店。

REXKL

レックスKL

| MAP/ P154-B3 | SHOP & CAFE

火災に遭ってもよみがえる、アート&カルチャー発信拠点

1947年に建てられた映画館がREXKLの始まりだ。1972年火災に遭い、1976年には1000以上の座席数を誇る映画館に生まれ変わった。2002年再び火災に見舞われた後、バックパッカー向けの宿泊施設として利用されていたのだが、2007年に3度目の火災が発生。そして2019年、

映画館の閉館から17年の時を経て、この歴史的建造物は、若き起業家やアーティストの活動の場となる文化的スポットとして再び注目を集める存在となった。なかでもひときわREXKLの名を知らしめたのがブックエクセスという書店。映画館の面影を残した巨大な書庫には圧倒される。

1.2.イベントスペースほか、カフェやバーなどの飲食店、マレーシアブランドの雑貨や食材を扱うお店などもある。お土産を探すのにも便利。**3.**ポップな外観が特徴的な建物。

DATA

🏠 80, Jalan Sultan, City Centre, KL　🈺 無休
🕐 8:30〜22:00(月〜木)、8:30〜24:00(金〜日)　🅒 店舗により異なる

Warong Old China

ワロン オールド チャイナ

| MAP/ P154-B3 | **RESTAURANT** |

プラナカン情緒ある空間でアジアンフュージョンを食す

チャイナタウンに行くと必ず立ち寄っていた中華食器店が80年以上もの歴史に幕を閉じた。コロナ禍の行動制限が緩やかになったある日、そこに新たな店がオープンしているのを発見。美しいカービングが目を引く木製の扉に手をかけ、隙間からそっと中をのぞく。店内には、ババニョニャ（中華系男性とマレー系女性の子孫）が大繁栄した時代の、富や贅を象徴するような豪華で重厚な雰囲気が漂っていた。かつて貿易が盛んだった頃、他国の文化が行き交うマレー半島に根付いたアジアンキュイジーヌやニョニャ料理に舌鼓。店変われどまたお気に入りに。縁深き場所だ。

1. 1900年代に建てられたショップハウスをシンプルにリノベ。店内のアンティーク家具や絵画はすべてオーナーのコレクション。上階にはギャラリーや貸しイベントスペースがあり、タイミングが合えば企画展などの催しを見ることができる。**2.** 彫りが繊細な木の扉とレトロなステンドグラス。

写真はランチセットのブアクルアッチャーハン（Buah Keluak Fried Rice）RM16.90。ブアクルアッとは、ニョニャ料理で使われるナッツのような実。有毒なので下処理にとても手間がかかる。

DATA

🏠 144, Jalan Tun H S Lee, City Centre, KL　📞 011-1218 7691
🕐 11:00〜22:00　💳 可

Bunn Choon Restaurant
ブンチュン レストラン

| MAP/ P154-B3 | **RESTAURANT** |

エッグタルトはオリジナルと竹炭入りの2種、各RM2.90。ビールオチュン（碧螺春茶）RM6。

焼けたと同時に飛ぶように売れるエッグタルト

ブンチュンレストラン（品泉茶室）は1893年に創業。エッグタルト、月餅、点心の専門店として130年以上もの歴史をもつ。元々はインビマーケットに店を構えていたが、マーケット移設を機にチャイナタウンへ。2023年9月メイン通りに移設し、1階の焼き菓子販売コーナーを拡大、上階のレストランでは奇をてらわない正統派点心をそろえる。シュウマイやパオズのほか、おかゆなどのごはんもの、ちょっとした麺類も用意。なかでも、甘じょっぱい塩卵の黄身のカスタードクリームが流れ出るラウサーパオ（流沙包）はイチオシ。香り高い中国茶とともに点心タイムを満喫して。

1.ラウサーパオは3個でRM6.90（左奥）。中華おこわのローマイカイRM6.50（中央右）。鶏肉と貝柱のおかゆRM7.50（中央左）。エビ蒸し餃子のハーガゥ（虾饺皇）RM9（手前）。**2.**店の脇にある小道を抜けると、新名所クワイチャイホン（鬼仔巷）に出る。**3.**店内1階では持ち帰り用の焼き菓子も購入可。

DATA

🏠 3, Jalan Balai Polis, City Centre, KL　📞 010-432 7881　🏃 月曜
🕐 7:30〜15:30（火〜金）、7:30〜17:00（土日）　💳 可

Fung Wong Biscuite

フォンウォン ビスケット

| MAP/ P154-B3 | **CAFE** |

創業100年以上。中国伝統焼き菓子の素朴な味わい

今から一世紀以上も昔。家に代々伝わる焼き菓子のレシピを携え中国広東省からマレーシアへ来た創業者。その息子が1950年代に家業を継ぎ、ペタリンストリート(チャイナタウン)の一角で屋台から始めた店。手作り、焼きたての伝統菓子がずらりと店頭に並ぶ。箱入りの杏仁クッキー

や、ミニサイズのクルミクッキー、エッグロールなどの焼き菓子は日持ちするので、日本への土産にきっと喜ばれるはず。ショーケースの中の好みのスイーツを指さし、レジでドリンクを注文して会計。カフェで小休止すれば、どことなく懐かしい甘味が旅人の疲れを癒やす。

手前がココナツタルト、左奥が塩卵とあずき餡(あん)の焼き菓子、右奥が塩卵と蓮の実の餡(あん)のタルト。

1.ケーキ店かカフェか……気になって来店する人も多い。**2.**代々受け継がれる調理工程。すべて手作業だ。**3.**箱入りの杏仁クッキー（杏仁餅）やミニクルミクッキー（迷你合桃酥）。タルトやパイのような焼き菓子はほどよい甘さ。**4.**紅白饅頭のような中華パイ（手前）。「ウエディング菓子」と称されるこれらは、伝統的な結婚式で振る舞われる。ピンクはあずき餡入り、黄色は蓮の実ペースト入り。

DATA

🏠 85, Jalan Sultan, KL　☎ 03-2072 8888　🏠 無休　🕙 9:00～18:00　💳 可

Nala Kasturi

ナラ カストゥーリ

| MAP/ P154-B3 | **SHOP** |

1.片面に防水加工が施されたリバーシブルハット RM119。**2.**カラフルな色合いのショッピングバッグ L サイズ RM129。 スモールサイズもあります。

マレーシアのあちこちに潜む「美」をモチーフにしたファブリック

マレーシア育ちのオランダ人デザイナーが手掛けるファッションブランド。プラナカンの古いタイル、クエなどの伝統菓子、熱帯植物などマレーシアの日常に何げなく潜むモチーフにインスパイアされたパターンを、色彩豊かに表現している。スタイリッシュでモダン。だけど、どこかレトロな雰囲気が大好きで、新しいコレクションが発表される度につい買っちゃいます。そんなナラデザインズの新店舗がセントラルマーケットの真横にオープン。カフェも併設しています。迷いに迷って、ゆっくり時間をかければ、愛着が湧くデザインにきっと巡り合えるはず。メンズウエアもあります。

3.バンサー地区のモール、ペナン島のビーチストリートにもショップがあります。**4.**布地のデザインはすべてオーナーが手描きしたものをプリント。**5.**オーナー兼デザイナーのリゼットさん。

DATA

🏠 Lot 88, Level 3, Jalan Hang Kasturi, KL　🏡 無休
🕘 9:00〜18:00　C 可

Earth Heir
アース エアー

| MAP/ P154-B3 |　　**SHOP**　　|

伝統工芸品をフェアトレードで継承していく

マレーシアにはオランアスリという18の先住少数民族がいる。多くは山や森で暮らす狩猟民や農耕民だったり、海辺で漁業を営んだりと伝統的な暮らしをしている。アース エアーは先住民族プナン族の女性が編むカラフルで丈夫なかごバッグや、マーメリ族がパンダナスの葉で作るビンロウ入れなどを、普段使いできるようアレンジしたり、マレー伝統の絣（かすり）織りのイカットや籐（とう）製品などを職人から適正価格で仕入れて加工販売している。フェアトレードで職人や伝統技術を守りつつ、難民の職業訓練も支援し、自立した生活ができるようにと人材の育成にも貢献している。

1. 伝統工芸職人100名以上と組んで、雑貨やアクセサリーなどを販売している。**2.** Sea Monkey Projectの商品は海洋プラスチックごみを再利用して生まれたもの。**3.** サラワク州のクニャ族やプナン族の女性が編んだかごバッグ。レザーの取っ手を付けて持ちやすく改良した。

DATA

🏠 30, First Floor, Jalan Hang Kasturi, KL　☎ 013-211 7994　㊌ 無休
🕐 10:00～18:00　🅒 可

Batik Boutique
バティック ブティック

| MAP / P154-B1 |　　**SHOP**　　|

普段使いに取り入れたい、マレーシアのバティック

　バッグやポーチ、シャツにブラウス、コースターやランチョンマット、日々の生活に彩りを添える商品が並ぶ。バティックブティックでは、家庭の事情で定職に就くのが難しいマレーシア人女性に無償で裁縫を教え、スキルが基準レベルまで向上したら、自社工場で雇用することで女性の社会的自立を支援している。バティックとは「ろうけつ染め」という手法で、ろう（ワックス）で模様を描く、またはデザインが施された型（ブロック）でろうを布に移して染色する。バティック職人が手掛けたモダンなモチーフと色使いがすてきなバティック製品がそろっている。

1.フェアトレードがコンセプト。品質の高さにも定評がある。**2.**ナシレマッをモチーフにしたトートバッグ RM89。**3.**商品はカラーバリエーションが豊富。タンブラーも南国仕様。

DATA

🏠 GF, The Row/ 58, Jalan Doraisamy, City Centre, KL　📱 018-230 8332　㉄ 無休
🕐 9:00〜18:00　🅒 可

MARKET

KL中心部の定番マーケット

まるで大きな土産物店？　観光客も地元民も集う人気の市場を紹介。
プレゼントから日用品まで、お気に入りが見つかるかもしれません

1.昔は観光客ばかりだったが、最近は地元の人も多く訪れるようになった。**2.**パロディーTシャツやバッグなど小物がかわいいアポム（Apom!）。　**3.**マレーハーブを使用したコスメを扱うタナメラ（Tanamela）。**4.**なまこ石鹸といえばニルマラサリ（Nirmalasari）。**5.**1888年建造のセントラルマーケット。

Central Market

セントラルマーケット

| MAP / P154-B3 | **MARKET** |

マレーシアの伝統工芸品と旬なアート&クラフトが勢ぞろい

お土産や工芸品、現代アート&クラフトなど、マレーシアのあれこれがそろうセントラルマーケット。ここはクアラルンプールを代表する観光名所の一つだ。長きにわたったコロナ禍を経て街に変化が表れるなか、こちらも心機一転。「マレーシア」をコンセプトにした新しいショップの入店、週末のバザーやイベント開催などで活気を取り戻している。さらに、創業当初の生鮮市場としての役割を思い起こさせる食材市場、パサー・ブサーがオープン。マレーシア各地の名産品のスパイス、お茶、お菓子など土産物が充実している。見て、触れて、食べて、マレーシアを知り尽くそう!

2023年11月、セントラルマーケットにオープンしたパサー・ブサー（Pasar Besar）。

DATA

🏠 Lot 3.04-3.06, 06, Jalan Hang Kasturi, City Centre, KL　☎ 03-2031 0399
🕙 10:00〜22:00　🅒 店舗により異なる

とっておきの名店
～KL郊外のローカル食堂～

常連客の多いローカル食堂を紹介。
KLの中心部から車で20～30分かかりますが、
ぜひ味わっていただきたい名店4選です

チキン
ライス

シンキー キッチン
（Sing Kee Kitchen） ▶ MAP/P156-B2

地元の人が多く通うチキンライスの店。店主は10代半ばからチキンライス店で働き、フランスやアメリカの中華の名店で腕を磨いた努力家。この店は海外から帰国後に屋台から立ち上げたという。今ではかなりの大繁盛店だ。スティーム（ゆで）もローストもパサつかず柔らかなチキン。気取らない店だというのにローストポークとチャーシューがとても上品な味わい。ライスは香り高くてふんわり。「肉はうまいけどごはんはイマイチ」「おいしいけど値段が……」など一長一短な店が多いなか、ここは全部ハナマルで文句なし！

1.ローストポーク、チャーシュー、中華ソーセージ、スティーム&ローストチキンの盛り合わせ。人数分を皿に盛ってくれる。チキンライス（1人前）はRM8。**2.**ランチ限定だがローカルフードもある。

DATA

🏠 61A, Jalan Desa Bakti, Taman Desa, KL 　📞 03-7981 6136 　🕐 10:00～21:00 　🈺 金曜

クダイ マカナンミンキー
（Kedai Makanan Ming Kee）　▶ MAP／P156-B2

ワンタンミー（小）RM8.50。水餃子（5つ入り）RM9。

ワンタンミーはフードコートに必ずあるマレーシアで最もポピュラーな麺料理。麺、ワンタン、細い卵麺があっさりとしたスープに入った一品で、ドライワンタンミーは黒いソースを絡め、別途ワンタン入りのスープが付いてくる。黒いソースは中華たまり醤油やオイスターソースがベースで、その配合は店それぞれ。ドライもおいしいが、ここの店ではぜひスープの方を注文してほしい。鶏と豚のだしに門外不出のあれこれを煮込んだスープは、他店とは比べ物にならないほど味わい深い。

DATA

🏠 15, Jalan Lazat 1, Taman Gembira, KL 　📞 016-355 3552
🕘 9:30〜15:00 　休 火曜 　💳 不可

\ もっとローカルマレーシア /

揚げパンのお店でテイクアウト

ワンタンミーを食べたら、向かいにある屋台街を下って行き、一番端っこにある揚げパンのお店にも寄ってみて。あんこ入りと餅米をのせた揚げパンが絶品！ 糖水（中国系お汁粉デザート）のメニューもたくさんあります。

Column.3

Malaysia

クレイポット
チキンライス

レストラン ウェンスーン
（Restoran Veng Soon） ▶MAP/P156-A2

米にタレと具材のだしが染み込んだクレイポットチキンライス。（大）RM21、（小）RM12。

1.クレイポットチキンライスのお供はヤウマッ（油麦）というレタスの炒めもの。（大）RM11、（小）RM9。**2.**注文を聞いてから炊き始める。

特製のタレに漬け込んだ鶏のブツ切りを米と一緒に土鍋で炊き上げるクレイポットチキンライス。炊きたてを卓上で豪快に混ぜれば、おいしそうなにおいが立ち込める。おこげが奪い合いになるのは、どこのテーブルも同じようだ。注文時には必ず塩漬け魚（咸魚）を追加しよう。魚を混ぜた後の塩加減と香りで味わいがワンランク上がります！ 夜のみ提供する中華スープは、大鍋でコトコト煮込んで、それを小分けにして蒸したもの。15種類以上あるというのに、オープン早々に売り切れてしまうという驚きの人気ぶり。確かな味にリピーターも多いお店です。

DATA

🏠F19, Jalan Pasar 1/21, Pj Old Town, PJ 🕐11:30〜13:30、17:00〜20:30 🈲火曜

スティームボート

ホーホー スティームボート
（Ho Ho Steamboat Restaurant） ▶ MAP/P156-B2

スティームボートとは火鍋、つまり鍋料理のこと。最近、日本でもマレーシアでも中国火鍋がブームのようだが、ホーホーのシンプルな魚だしもぜひおすすめしたい。新鮮なシーフードや練りものはクラン港からほど近いクタム（カニ）島からの直送で、海鮮好きを十分に満足させる豊富な具材が自慢だ。店にはフレンドリーで親切、世話好きで陽気な女主人がいるから一見の客も常連も楽しいひとときが過ごせます。店先で焼く手羽のグリルと揚げ餃子が、自家製チリソースに合う！気に入ればチリソースは購入もできるので、ビールと一緒にどうぞ！

手羽のグリルは一本が意外と大きいので、様子を見て注文すること。

セットを人数の半分でオーダーして、アラカルトを足すとちょうどいい。厚揚げのような弾力食感のQQ豆腐と、ロール状の揚げ湯葉のRing Ring Rollはマストオーダー。薄切り豚肉や水餃子もお忘れなく。スープは魚だしとトムヤムだしの2種類。

DATA

🏠 19, Jalan Radin Anum 1, Bandar Baru Sri Petaling, KL　📞 012-289 3119
🕐 16:30〜23:30　💴 可　💳 可

ELSE Kuala Lumpur

エルス クアラルンプール

| MAP/ P154-B3 |　**HOTEL**　|

4階にあるYellow Fin Horseは美食家が注目するレストラン。

雑多なチャイナタウンにたたずむアールデコ様式のブティックホテル

　Lee Rubber Building は1930年竣工のチャイナタウンのランドマークだ。堂々たるたたずまいをみせる歴史的建造物が、2022年にラグジュアリーなブティックホテルへと生まれ変わった。ホテル内にはレストランが2つ、インフィニティープール、ジム、ミーティングルーム、図書室などがあって、設備が充実している。客室は5タイプ（全49室）あり、吹き抜けを生かして開放的な空間を演出。立地の利便性も良く、定期的に現代アートの展示会なども企画している。気さくなスタッフのホスピタリティで、KLステイが快適になること請け合いだ。

1.インフィニティープールからはペトロナスツインタワーやKLタワーも見える。 **2.**客室はそれぞれコンセプトが異なるユニークな造り。**3.**ロビー、ライブラリーなど随所にくつろぎのスペースが。**4.**朝食会場でもあるレストランRaw Kitchen。**5.**ペタリンストリート（チャイナタウン）の中心に位置する。

DATA

🏠 145, Jalan Tun H S Lee, City Centre, KL 　📞 03-2300 3700
💳可　🅒可

Column.4

ショッピングモールやスーパーで買える、おすすめ土産

カヤ（ココナツジャム）
塩味の効いたバターとカヤを熱々トーストに。ラベンダー RM8.20（右）／オリエンタルコピ RM8.90（左）

アメージングレイズのナッツ
ピーカン＆カシューナッツ、カボチャの種。ミックスナッツがマレーシアン風味に。RM14.80

ロイヤルドゥドルトンのチョコ
ダークチョコレートとシーソルトの組み合わせが苦手な人はいないはず！ ナッツ入りもあり。RM10.90

ハッカオイル
ハッカオイルは患部にひと塗りの万能薬。頭痛、虫刺され、腹痛、筋肉痛、鼻づまりなどに。RM4.60

インスタントパンミー
麺のモチモチ具合がGood！分量通りだとスープはやや塩辛いのでお好みで調整して。RM11.55

サバティー
BOHティーが有名ですが、サバ州で栽培されるクセのない中国茶のような紅茶もおすすめ。RM2.70

テンペチップス
ポリポリ食感が最高。ヘルシーなテンペのスナックはいろんなブランドから出てます。RM9.50

サバスコ
タバスコじゃなくて、サバスコ。サバ産のチリで作ったチリソースはトマト料理にベストマッチ。RM10.80

サラワクのワイルドライス
黒米、赤米、雑穀米など、サラワク産のミネラルたっぷり米。白米に混ぜて炊くとプチプチ食感に。RM13.50

Malaysia

Melaka
── マラッカ ──

マレー、中国、インド、ヨーロッパから影響を受けた歴史的建造物、
文化、習慣などが脈々と受け継がれている街・マラッカ。
2008年にはユネスコ世界文化遺産に、ペナン島のジョージタウンとともに登録された。
東西交易の拠点として600年以上もの歴史をもつマラッカには
昔ながらの暮らしがあちらこちらに残っている。

Baba Charlie Cafe

ババチャーリー カフェ

| MAP/ P156-A4 | **CAFE** |

ニョニャ料理、初めの一歩はババチャーリーで

　本書でも度々登場するマレーシアの伝統菓子クエ。マラッカのニョニャクエはインドネシアのジャワや中国などの影響を、そしてクエブランダやパイナップルタルトなどの焼き菓子は西洋の影響を受けている。ピンク、黄色、グリーンにブルーと色鮮やかだが、これらのカラーリングには自然由来の原料を使用している。甘すぎず、ほどよく塩味が効いたクエはどことなく気品がある。ババチャーリーはニョニャクエの品ぞろえがピカイチ。グラムラカ（ヤシ糖）やブラチャン、チンチャロッ（アミエビの塩辛）などの調味料も販売。ニョニャ料理初心者におすすめです。

カラフルなクエ。ココナツミルクを使用した生菓子なので、その日のうちに食べきること。

1.お土産のほかに調味料の品ぞろえが充実。**2.**オクラのサンバルブラチャン（Steam Bendi Sambal Belacan）RM12はフレッシュな風味（手前）。チンチャロオムレツ（Cincalok Omelette）RM15は小エビのだしがきいた卵焼き（奥）。**3.**ニョニャ料理の前菜パイティー（Pie Tee）は食べられる器にヒカマとニンジンのあえ物をのせた一品。切り干し大根の煮物のような和風テイスト。

DATA

🏠 631, Jalan Siantan 1/5, Taman Siantan Seksyen 1, Melaka　📞 019-666 2907　㊡ 木曜
🕘 9:00～19:00　💳 可

Hing Loong Taiwanese Noodle

ヒンロン台湾ヌードル

| MAP / P156-A4 | **RESTAURANT** |

ほんのりスパイシーで柔らかな牛煮込み麺

現在、2代目夫婦が営むこの店は、台湾からやってきたお母さんが50年以上前に始めた。地元の人のみならず、遠路はるばる食べに来る人も多い。かく言う私もKL生まれのめいっ子に「叔母さん、今やスパイシービーフヌードルはマラッカの名物だよ！」と激推しされて店を訪れたのだが、これはこれは予想を上回るおいしさ！じっくり煮込んだ牛の肩バラ肉は口の中でほろりと崩れ、ピリリと辛さがほとばしるスープと細かく刻んだ大根の漬物が平たい麺に絡み合い、箸が止まりません。こちらの店では乾麺に特製ソースを付けたテイクアウト商品も販売している。

1. ジーロウジャージャー麺（鶏肉炸醬面/Mince Chicken Noodle）RM7。甘い鶏そぼろがのっている。
2. ニョーロー麺（牛肉面/Spicy Beef Noodle）RM8。3. 満員時は相席だが、これも人気の証し。

DATA

🏠 11-J, Jalan Bachang, Kampung Enam, Melaka　☎ 06-284 2529　㊡ 木曜
🕐 7:30〜17:00　🅲 不可

East & West Rendezvous

イースト&ウェスト ランデブー

| MAP/ P156-B4 | **RESTAURANT** |

ニョニャスタイルのちまきとパイナップルタルトならココ

　旧暦の端午節、マレーシアの中華系の人々は、お世話になっている人へちまきを贈り合い、どこの、誰が作ったちまきがおいしいか、みんなで話すのが風物詩。豚バラ肉の煮込みや豆などの具がたっぷり入ったジャンボサイズで、1個平らげようもんならおなかがはち切れんばかりに。

でもおいしいのでペロリといけちゃう危険な料理だ。ニョニャちまきはブルーに色付けされたおこわの中に甘めの豚そぼろ入り。この店では両方のちまきが味わえるので食べ比べてみて。マレーシア版かき氷のチェンドルは持ち帰り可なので散策のおともに。ドリアンをのせても美味。

1.具だくさんなちまきはRM14。**2.**ニョニャパイナップルタルトは「#」が目印。**3.**バタフライピーで色付けした ニョニャちまきRM9.50。

DATA

52, Lorong Hang Jebat, Melaka 　016-634 6283 　水曜
9:30〜18:00 　可

Sayyid Antique & Cafe

サイード アンティーク&カフェ

| MAP/ P156-B4 |　　**CAFE**　　|

スパイス香る具だくさんのチキンスープにほっこり

とにもかくにも雑然とした店内。昔懐かしい雑貨や骨董品が所狭しと並び、ゴチャついているようにも感じるが、5分もしないうちに安らぐ居心地のよさ。マレーシアの朝食でスタートを切るなら、アットホームなこのカフェはどうだろうか。ソトはスパイスミックスと鶏でだしを取っ

たスープにフィッシュボール、厚揚げ、チキン、もやし、ピーナツにフライドオニオンや青ネギ、コリアンダーを散らした麺料理。麺は黄色い麺かビーフンのどちらかを選べるが、両方の麺を入れた「ミックス」にブルグディル(コロッケに似た揚げ物)を追加トッピングがベストチョイス!

1.小さな穴が開いた容器に熱湯を入れ、お湯が下の容器に落ち切ったら温泉卵の出来上がり。この調理器具はマレーシア人が発明したもの。温泉卵(Half Boiled Egg)RM3。トースト、紅茶と一緒にどうぞ。**2.**ソト(Soto)RM7.50。**3.**アンティーク好きにはたまらない店内。

DATA

🏠 74, Lorong Hang Jebat, Melaka　📞 012-681 3505　🈺 水曜、木曜
🕗 8:00〜14:00　💳 不可

Pin Pin Hiong Restaurant
ピンピン ヒョン レストラン

| MAP / P156-B4 | **RESTAURANT** |

おなかが温まるにゅうめんは二日酔いの朝に食べたい

ピンピンヒョンレストラン（品品香餐室）は常連客が多い。60年以上もこの場所に店を構えているのだから。メニューは潔いほどシンプル。麺は炒め麺かスープ麺、ほかに卵焼き3種、野菜炒め2種、そして豚の腸または肝の炒め物のみ。ただし、炒め麺は麺の種類によって味付けが違うので、選択肢が少ないとは言い切れない。あっさりとしたスープにミースア（そうめん）が入り、小松菜と豚のミンチ、それにラードを揚げたものをトッピング。ラードからじんわりと染み出るエキスは、時間がたつほどコクが増していく。ミースアを扱う店は少ないので、ぜひこちらで食べてみて。家庭的な優しい味で朝食にもおすすめです。

1.大きく書かれた店名がレトロ。**2.**中華麺の豆知識。そうめんはミースア（面线）、米の麺はビーフン（米粉）、黄色い麺はミー（面）、平らなライスヌードルはクイティオ（粿条）、春雨はトンファン（冬粉）、からいりパリパリの卵麺はイーミー（伊面）という。**3.**ビーフンとクイティオ炒め RM10。

DATA

📍 786, Lorong Hang Jebat, Melaka　🈺 水曜
🕐 7:30～15:00　🅲 不可

Sin Hiap Hin

シン ヒャップ ヒン

| MAP/ P156-B3 |　　**BAR**　　|

なんと歴史は100年以上! マラッカの老舗バー

　シン ヒャップ ヒン(新協興)はバーが併設されたリカーショップ。カウンターに立つのは70代のかわいらしいおばあちゃん、マダム・リーだ。旦那さんのお父さんが始めた歴史あるバーで、英語が上手な彼女の話に耳を傾けながら過ごす時間はとても穏やか。試飲して飲みたいリカーが決まったら、氷とピーナツが用意されます。マラッカ産の米酒やメイクイルーシュ(玫瑰露酒)は、KLではなかなか手に入らない希少品で、小さなボトルはお土産にも最適。日中の営業で昼飲みがメイン。中国産の紹興酒やスピリッツのほかビールもあるので、街歩きの景気づけに一杯いかが。

1. 40年以上バーテンダーを務めるマダム・リー。ブリキのカップでショットの量を計る。**2.** 一番小さなボトルは340mℓ。左から順に米酒、ブランデー、玫瑰露酒、ウィスキー。

DATA

🏠 5, Kampung Jawa, Melaka　　🈺 不定休
🕘 9:30～17:00　　Ⓒ 不可

Sun May Hiong Satay House

サンメイヒョン サテハウス

| MAP/ P156-A4 | **RESTAURANT** |

パイナップルの爽やかな酸味。マラッカ名物のポークサテ

　マリネ液に漬け込んだ鶏肉、牛肉、羊肉、ウサギ肉を炭火で豪快に焼いて、甘辛いピーナツソースをつけて食べるサテ。クトゥパッという、ヤシの葉に米を包んでゆでた餅のようなごはん、キュウリや赤タマネギが付け合わせだ。KL近郊ではカジャン地区にサテの有名店が多い。ジョホールの

ムアでは朝食に家族でサテを食べたりと、地域ごとに特色のある人気の料理。マラッカ名物のサテチュルップは、グツグツと煮立てたサテソースに具材を入れて食べる。フォンデュ風だがかなり甘い。ポークサテも名物で、パイナップル入りの自家製ソースと豚の濃厚な脂が相まったひと品。

ピーナツサテソースには細かく刻んだパイナップルが入る。酸味とピリ辛、ほのかな甘みが絶妙だ。豚肉、鶏肉、豚の腸、レバー、組み合わせ自由で10本RM13。ちまきのように固めた具なしのごはん、クトゥパッ（Kutupat）は一皿RM1.80、キュウリとタマネギの盛り合わせRM1.20。

DATA

🏠 50/52, Jalan Kota Laksamana 1/1 Taman Kota Laksamana, Melaka　☎ 06-281 7281
🈺 火曜　🕐 10:00〜18:00　💳 不可

Heng Hong Tin Kee Restaurant

ヘンホンティンキー レストラン

| MAP / P156-A3 | **RESTAURANT** |

滋味あふれる羊肉漢方薬スープは五臓六腑にしみわたる!

ヘンホンティンキー(興丰信记)は、1950年から続く海南料理店。必ずオーダーすべきは海南マトンスープだ。大鍋でニンニク、生姜、タマネギを熱したら、マトンを加えてじっくりと炒め、漢方薬とともに煮込む。そしてスープを容器に小分けしてさらに蒸す。黒い色味にさぞかしこってりかと思いきや、漢方薬の強い香りを感じないほどあっさりした風味。柔らかいマトンときくらげのコンビネーションもいい。あんかけうどんのような海南麺は、ライムと大根とニンジンの爽やかな酢漬け、シャキシャキの赤タマネギがアクセント。そのおいしさに気が付けばお皿は空っぽです。

1.2.海南マトンスープは、たったひと口すすっただけで体中にエネルギーがほとばしるスタミナスープ。マレーシアで海南料理といえば洋食が多いが、この店は海南の伝統料理を提供している。**3.**あんかけ料理のお供は黒酢が定番だが、この店の海南麺はライムと野菜の酢漬けの酸味が斬新。

DATA

住 62, Jalan Tun Tan Cheng Lock, Kampung Empat, Melaka　電 06-282 2172　休 水曜
営 12:00～21:00　ヺ 可　C 不可

Aunty Koh Cendol @Siang Ann Kopitiam

アンティ コー チェンドル @シャンアン コピティアム

| MAP/ P156-A3 |　　**CAFE**　　 |

濃厚グラムラカとココナツミルクがマッチするひんやりデザート

　チェンドルとは米粉とココナツミルクとパンダンリーフ水から作るひも状ゼリーのことだが、これをかき氷の中に潜ませて、グラムラカ(ヤシ糖)とココナツミルクをかけたデザートのこともチェンドルと呼ぶ。マラッカでアンティ コーのチェンドルを知らない人はいないほどだが、コロナ禍で惜しまれつつ閉業。そのチェンドルレシピを引き継いだのがシャンアン コピティアム(祥铵咖啡店)だ。他店との違いはひと口食べればすぐ分かる。細やかでふわふわの氷、リッチなココナツミルクとチェンドルの鮮度、グラムラカの濃厚さが段違いだ。

1. コピティアムとは朝食を提供する喫茶店のような意。アイスカチャン(Ice Kacang)RM6。カチャンとは豆のことで、金時豆の甘煮、ピーナツ、コーン、チンチャウ(Cincau)という仙草ゼリー入り。**2.** アンティ コー チェンドル(Aunty Koh Cendol)RM5は南国風味。**3.** 軽食も充実。

DATA

🏠 183, Jalan Tun Tan Cheng Lock, Taman Kota Laksamana, Melaka　☎ 010-335 7518
🗓 月曜　🕗 8:00〜17:00　💳 不可

Donald & Lily at The Bendahari
ドナルド&リリー（ザ ブンダハリ）

| MAP/ P156-B3 | GALLERY & CAFE |

スパイシーでリッチなニョニャラクサならドナルド&リリーで決まり!

「ザ ブンダハリ」はマラッカの歴史を後世に残すために文献収集や講演会、展示会などのイベントを企画したり、マラッカのアーティスト活動を支援する地域コミュニティー。併設のカフェでニョニャラクサを提供するシェフのジェニファーさんは、ババニョニャ（中華系男性とマレー系女性の子孫）の血を受け継いでいる。両親が屋台から始めたニョニャラクサのレシピを継承し店を構えていたが、コロナ禍のため閉業。その後絶品ラクサの復活を熱望するファンの声を受け、週に3日だけここで提供されるようになりました。一度ご賞味あれ。

1.自家製ラクサペースト（右）とソルティーグラムラカ（左）。2.写真はスペシャル版のラクサ。特大エビがついてくる。ハイガイ（赤貝の仲間）、油揚げ、卵にキュウリ、トーチジンジャーなどのフレッシュハーブを添えて。当日のメニューはフェイスブックで更新中。3.アート感あふれる店内。

DATA

147, Jalan Bendahara, Pengkalan Rama, Melaka 　010-335 7518
日・月・火・水　10:00〜17:00（木・金・土のみの営業）　不可

Tong Bee's Stall
トンビーズ ストール

| MAP / P156-B3 | **RESTAURANT** ※ |

路地裏の明かりに吸い寄せられ、鮮度抜群の貝を食す

　にぎやかなジョンカーストリートから離れ、ジャラン・ブンガラヤを北へ向かって歩く。この辺りは古い商店がたくさん残っていて、酒店、漢方薬の店、客足が心配になるようなCDの店やブティックなどが軒を連ねる。マダムキングスというデパートを過ぎるとすぐ右手に路地が。ここは夜だけの屋台街。同じような屋台が2軒あるのだが、生まれも育ちもヒーレンストリートの地元っ子に初めて案内されたのが手前のトンビーズストール（東美檔）だったので、私はいつもこちらへ足を運んでしまう。さっとゆでた貝、のしいかのあぶり、厚揚げなど、魚介類を中心に楽しめる。

1.右上が中国語でシーハム（Siham）、マレー語でクラン（Kerang）。ハイガイという赤貝の仲間で体液が赤い。アサリのようなララ（Lala）やマテガイ（Lala Bamboo）など各種RM3〜5。**2.**のしいかのあぶり（Sotong Bakar）RM16。**3.**酒場のようだがアルコールは無し。

DATA

143, Jln. Bunga Raya, Kampung Jawa, Melaka　水曜
17:30〜23:00　不可

※ 正確には屋台としての営業

NIGHT SPOT

日が暮れてからが本番! マラッカのナイトライフ

歴史あるマラッカの街のショップハウス群。趣のある通り(ロロン ジャンバタン)は、
近年ビアガーデンとして注目を集めています。

1.アンダルスキッチン(Andalus Kitchen)のピザ窯から、熱々のピザがテーブルへ。シュプリームピザ(Supreme Pizza)RM25。 **2.**中東料理を食べつつビールを飲むのは貴重な体験。この通り沿いにある店なら、どこでもオーダーできます。 **3.**通りはまるでビアガーデン。

Lorong Jambatan

ロロン ジャンバタン

| MAP / P156-B3 | **BEER GARDEN** |

マラッカの新しい盛り場！ 中東料理を食べながらアルコール⁉

カンポン・パンタイ通りから小道のロロン ジャンバタンを抜けると、小さな橋（カンポンジャワ橋）がある。ここからの眺めはとてもきれいなのだが、この橋には「幽霊橋」という異名がある。というのも日本統治時代（1941〜45年）、憲兵隊が地元住民の生首をつるしたという逸話があり、橋につな

がるこの小道を「鬼門關（地獄への門）」とマラッカに暮らす人々は呼ぶ。そんな車も通れない狭い小道が、日暮れ時になるとビアガーデンに様変わりする。ここは近年、若者や観光客に人気急上昇のスポットだ。通りに並ぶテーブル席のどこに座っても、近隣各店のメニューから注文できます。

カンポンジャワ橋（1714年建造）からの眺め。

DATA

🏠 Lorong Jambatan 🗓 水曜 🕐 18:00〜深夜 🈂 店舗により異なる

Jonker Walk Night Market
ジョンカーウォークの夜市

▶MAP/P156-B4

週末限定! お祭り気分でB級グルメを存分に

金・土・日の3日間限定、17時ごろから目抜き通りのジョンカーウォークで夜市が開催されます。オランダ広場側ではお土産品、食べ歩きできる軽食やドリンクなどを販売、反対側のクブ通り付近にはテーブルが並べられ、いろんな屋台料理が食べられます

国内外からの観光客でにぎわうナイトマーケット。

右/オタッオタッ(Otak Otak)はチリやスパイスを魚のすり身に混ぜて葉っぱに包んで焼いたもの。左/シュガーケーン(サトウキビ)ジュースは、レモンを入れるとさらにおいしい!

オランダ広場側の入り口では、ココナツジュース売りのお兄さんがパフォーマンスを披露。

チャーローバッコウ（炒萝卜糕）は夜市の定番。角切りした大根餅を炒めたもの。

シーフードが大好きなマレーシア人。

若者も多く、すぐ満席に。シーフード料理などを頼んで盛り上がっている。

右／カラフルなゼリーボール。女子に人気の屋台。左／南国果物を食べるなら、カットフルーツが便利。

DATA

住 Jalan Hang Jebat（ジョンカーウォーク）　営 17:00～24:00（金・土・日のみ）

Baba & Nyonya Heritage Museum

ババ&ニョニャ ヘリテージ博物館

| MAP/ P156-B4 |　**MUSEUM**　|

1896年に建てられ、1985年より一般公開されているプライベートミュージアム。

チャン一族の贅を極めた豪邸と暮らしぶりに魅了される

16世紀、オランダの統治者が暮らしていたヒーレンストリートは、「高貴な紳士通り」というオランダ語が由来。この通りには19世紀後半、富を成したババニョニャ(中華系男性とマレー系女性の子孫)たちが豪華な邸宅を構え、その時代の屋敷が今も点在している。なかでも一般公開しているババ＆ニョニャ ヘリテージ博物館は訪れるべきプラナカン遺産のひとつ。阿仙薬の原料(ガンビール)やゴム農園で成功を収めた一族の豪邸に一歩踏み入れば、当時の優美でモダンな暮らしぶりに息をのむ。代々受け継いできた文化と慣習を守り抜く、彼らの強い意志に感銘を受ける。

1.ちょうちんには一族の姓と職業を表す絵が描かれる。邸宅内の見どころは東洋の繊細な装飾と西洋のアンティーク家具の組み合わせ。**2.**婚礼などの儀式に使われるニョニャバスケット。**3.**くぎを使用せずに造られた階段は金葉（金を薄くのばした金箔）で装飾。部外者が2階へ侵入できない仕掛けもある。**4.**ショップでは土産品やババニョニャに関する文献などを販売。

DATA

🏠 48-50, Jalan Tun Tan Cheng Lock, Melaka　📞 06-282 1273　🚫 月曜
🕐 10:00～17:00　🎫 入館料:大人RM18、子ども（5～12歳）RM13　💳 不可

Red Handicrafts

レッドハンディークラフト

| MAP/ P156-B4 |　　**SHOP**　　|

動植物、日常風景、だまし絵など、どんなものでも図案化できる。

細かすぎる職人技に驚き。ヒーレンストリートの剪紙アーティスト

剪紙アーティストのレイさんとの付き合いは長い。マラッカに行くと必ず店に寄り、時間が合えば一緒に食事をする。おしゃべりが大好きで陽気かつバイタリティーあふれる彼からは想像もつかないほど、繊細で巧緻な作品を生み出すレイさん。剪紙とは紙をつなげたまま彫刻刀で切りつつ模様を描く中国の切り絵。縁起がいいとされるパターンのほか、写真を預けるとその通りにオリジナルの剪紙を制作してくれる。剪紙作品をプリントしたTシャツやバッグ、カード、自ら収集した中国雑貨、日本のこけしや骨董品まで、とりとめもなく販売しているのも面白い。

1.家族写真からの剪紙の制作は、人数によって値段は変わるが2名でRM300〜。制作日数の目安は1カ月ほどだが納期は要相談。ほか小さい剪紙はRM28〜。 **2.**いろいろな商品が店内に並ぶ。じっくりと観察したくなる。 **3.**お店はヒーレンストリートから一歩入った路地にある。見落とさないよう注意。

DATA

🏠 30c, Jalan Hang Kasturi, Melaka　📞 019-374 1668　🈲 不定休
🕙 10:00〜18:00　🅒 可

T.S.Lim Trading

T.S.リム トレーディング

| MAP/ P156-A3 | **SHOP** |

これらの極小ビーズシューズはRM1380、ビーズの粒が大きいものはRM338〜。

緻密になるほど鮮明に。きらめくビーズシューズに魅せられて

ニョニャ（中華系男性とマレー系女性の女性子孫）は幼い頃から針仕事を始め、身の回りで使う小物に金や銀の糸を使用した立体感のある刺繍を施した。西洋からガラスビーズが伝わると手芸はビーズ刺繍へと移り変わった。10歳の時に母親からビーズ刺繍と靴の縫製技術を学んだリム

さんが靴職人に転身したのは2000年のこと。ビーズ刺繍を施した靴を作る妻を見て「私もそれできるよ」と、その言葉通り手際よく針を進めるリムさんに奥さんはとても驚いたそう。絵柄のデザイン、ビーズの配置、刺繍、製靴と一つ一つ丁寧な夫妻の手仕事はあっぱれの一言だ。

1.生地の裏面に残る糸の動きや跡もアートとしての価値を高める。2.リムさんはユネスコがアジアの伝統手工芸に授与するSeal of Excellence for Handicraftsを2012年に受賞。3.カス・マニッ（Kasut Manik）と呼ばれるビーズシューズは、ビーズが小さいほど模様が鮮明に。写真はマニッ・ボトン（Manik Potong）という表面を削ったカットビーズを使用、キラキラと輝きを放つ。RM2800〜。

DATA

🏠 63, Jalan Tokong, Melaka　📞 016-618 6989　🚫 水曜
🕙 10:00〜17:00　💳 可

Colour Beads
カラー ビーズ

| MAP/ P156-A4 |　　**SHOP**　　|

製靴業に携わる一家がこだわる履き心地の良さ

代々紳士靴やダンスシューズなどを製造する工場に生まれ育ったご主人と、そこで働いていた奥さん。結婚を機に独立し、現在のビーズシューズ店を創業したという。靴職人として50年以上もの経験をもつ夫妻のこだわりは、刺繍(ししゅう)の美しさはもちろんのこと、その履き心地の良さ。キッチュでかわいらしく、かつジーンズなどのカジュアルな装いにもマッチするデザインと、豊富なソールのバリエーションも人気の理由だ。ガラス製のビーズだから色落ちせず、ソールを替えれば半永久的に履くことができるといった実用性もあり、プラナカンの家系の娘たちは家宝として代々譲り受けている。

1.2.ビーズシューズはRM299〜。ビーズの大きさ、種類によって値段は変わる。**3.**歩きやすさを重視してヒールの高さを調整。クッション性のあるインソールは履き心地良し。

DATA

📍 84, Jalan Tun Tan Cheng Lock, Melaka　📞 06-283 0957　🏠 不定休
🕐 9:00〜18:00(月〜金)、9:00〜17:00(土日)　💳 可

Temple Street

テンプル ストリート

| MAP/ P156-B3 | **SHOP** |

プラナカンのショップハウスや食器を忠実に再現したタイルアート

KLのアートカレッジでファインアート（美しさなど芸術的価値に打ち込む活動やその作品）を専攻し、油絵やセラミック工芸を学んだハウさん。卒業後、広告代理店のデザイナーを経て、1994年、KLにタイルアートの店を構えた。古いショップハウスや建築物を石膏に彫刻して型を作り、その型にセラミックを流し込む。出来上がったタイルに色付けをすれば完成だ。1998年にマラッカに移住してからは、プラナカンハウスや食器などを主なモチーフに制作活動を続けている。店内に飾られた貴重なアンティークタイルは一見の価値あり。地元のアーティストの作品も販売中。

1.店の隣にある中国寺院チェンフーテン（青雲亭）に色付けするハウさん。**2.**マラッカのショップハウスを模したタイルアート。ノスタルジックな色合いが魅力だ。**3.**マラッカの街並みを描いた水彩画も販売。アートが好きならぜひ訪れてみてほしい。

DATA

13, Jalan Tokong, Melaka 　 06-283 1815
10:00〜17:00 　 可

Baba House & Piano Jewel Lounge

ババハウス&ピアノジュエルラウンジ

| MAP/ P156-A4 |　　**HOTEL**　　|

ヒーレンストリートに誕生した大型ホテルとピアノラウンジ

その狭い入り口からは予想できないほどの大型ホテルがオープンした。プラナカン料理が堪能できるレストラン、古きマラッカの街並みを上から見渡せるルーフトップバーなど、十分すぎる施設や設備。客室はシンプルな造りだが、ヒーレンストリートど真ん中という立地はかなり便利。

併設するピアノジュエルラウンジがまたすてきだ。マレーシア人ピアニストのコック・キーブン氏が気ままに生演奏を披露してくれるラウンジでは、プラナカン調の食器やティフィン（弁当箱）などを販売している。今後、お茶や軽食が楽しめる憩いのカフェスペースを新設予定とのこと。

ルーフトップバーからはマラッカ海峡も見える。

1.間口は狭いが中は迷路のように広いババハウス。自然光が入るように吹き抜けにするなど工夫を凝らしている。**2.**客室内はシンプルなデザインで統一されている。**3.**カラフルなプラナカン食器やティフィン（弁当箱）。**4.**観光に疲れたら寄ってみて。キーブン氏がピアノ演奏を披露してくれるかも。

DATA

🏠 121-127, Jalan Tun Tan Cheng Lock, Melaka　📞 06-280 6888
🅿️ 可　©可

Liu Men Hotel
リュウメン ホテル

| MAP/ P156-A3 |　　**HOTEL**　　|

東西文化を調和させた白亜のヘリテージホテル

　1939年に建てられた6軒連なるショップハウス。ここには6家族が暮らしていたが、日本統治時代が終わる頃、一軒の邸宅に改築された。時を経て2019年、戦前に建てられたアールデコ調の建物はブティックホテルへと新たな命を吹き込まれた。ショップハウスの名残りである正面の6つのドアから、リュウメン（六門）と名付けられたこのホテルは、古き良きヨーロッパとチャイニーズとプラナカンの要素を融合させ、決して華美にならないラグジュアリー感を演出。客室やバスルームの隅々まで配慮した調度品へのこだわりに、強い美意識を感じざるを得ない。

1.6つのドアが並ぶ玄関（写真は正面玄関）。**2.**チェンホースイートルームの猫足バスタブ。上品でシックな雰囲気。

3.カピタンルームは天窓からの光が心地いいバスタブ付の部屋。4.このホテルのオーナーは「マミーモンスター」というスナック菓子でおなじみMamee-Double Decker社。ジョンカーストリートにはMamee Jonker Houseという体験型ショールームがある。ラウンジに並ぶ骨董品はオーナーのコレクション。5.ドアプレート代わりのタッセル。ホテル内は隅々までかわいい!

DATA

🏠 48-56 Jalan Tokong, Melaka ☎ 06-288 1161
🈂️ 可 Ⓒ 可

5 Heeren Museum Residence

ファイブヒーレン ミュージアムレジデンス

| MAP / P156-B4 | **HOTEL** |

調度品に家具や床のタイルなど全てオーナーのコレクション。

マラッカの豊かな文化と歴史に思いをはせて

　ファイブヒーレン ミュージアム レジデンスは、その名のごとくまるで博物館に迷い込んだかのようなブティックホテル。壮麗なプラナカン調の応接間を通りすぎると中庭へ出る。このテラスでは毎朝マラッカならではの朝食を提供している。ホテル内に並ぶ食器や家具、木製の建具、床のタイルなど、その全てが骨董品で、オーナーが海外を巡って買い付けた宝物。ホテルのデザインもオーナー自らが手がけ、長い歴史をもつこの広々としたプラナカンハウスのリノベーションに7年も費やしたという。オーナーとスタッフの温かいおもてなしに心打たれるひとときをどうぞ。

1.間口の小ささと中の広さのギャップが特徴のプラナカンハウス。 2.朝食会場でもある涼しくて明るい中庭。癒やしの空間で一日中過ごしてみたい。 3.ビンテージ感あふれるキッチン用品。 4.5.6.客室のインテリアやデザインは部屋ごとに異なる。それを楽しみに宿泊するリピーターも多い。

DATA

🏠 5, Jalan Tun Tan Cheng Lock, Melaka　📞 012-274 4670
🈂️ 可　🅲 可

ぷらっとマラッカ街歩き

異国情緒あふれるマラッカの街を散策する上で、押さえておきたい歴史的建造物を紹介。日差しが強く、KLよりも厳しい暑さを感じるマラッカ。おしゃれなカフェやバーも通りにあるので、適度な休憩と水分補給をお忘れなく!

⑧ チェンフーテン(青雲亭寺院) 1645年に鄭和寄港をたたえ建立された。仏教、儒教、道教の神を祀る。

●ハーモニー通り

モスク、ヒンドゥー教寺院、中国寺院など、異なる宗教施設が隣接した通り。

●ハン カストゥリ通り

古くからあるショップが並び、職人さんたちの作業を間近で見ることができる。

① マラッカキリスト教会
Christ Church Melaka

1753年創建。マレーシア最古のプロテスタント教会。

② マラッカ要塞ギャラリー
Melaka Fort Gallery

マラッカの要塞の歴史を展示。入館無料。

③ サンチャゴ砦
A'Famosa

ポルトガルが1511年に築いた最初の砦。

④ セントポールの丘
St Paul's Hill

1521年に建てられたセントポール教会と墓石の遺跡。丘の頂上からの景色も素晴らしい。

⑤ チー邸宅
Chee Ancestral Mansion

実業家チー氏の功績をたたえて、1925年に建てられた私邸。

⑥ スリポタヤ ヴィナヤ ガールムーティ寺院
Sri Poyyatha Vinayagar Moorthi Temple

1781年建立。マレーシア最古のヒンドゥー教寺院。

⑦ カンポン クリンモスク
Kampung Kling Mosque

1748年、インド系ムスリム商人により創建。

⑨ カンポン クテック
Kampung Ketek

オランダ統治時代から残るマラッカ最古の村。伝統的な家屋を見ることができる。

⑩ ホッキエン フエクァン（福建会館）

1801年建立の媽祖（航海・漁業の守護神）を祀った福建氏族寺院。

⑪ セントフランシスザビエル教会
Church of St. Francis Xavier

1849年創建。フランシスコ・ザビエルの日本布教と関わりが深いヤジロウの像もある。

⑫ カンポン ウルモスク
Kampung Hulu Mosque

1720年または1728年に建立。マラッカで最も古いモスク。

⑬ ベイジンリャンチャー（北京涼茶）

涼茶は体のほてりを治める漢方薬ドリンク。飲むとスッキリ。この店のおじさんは50年以上毎日ここで商売している。

ちょっと足を延ばして…

●ザ ショア スカイタワー
The Shore Sky Tower

ショアホテル＆レジデンスの43階にある、50km先まで360度眺望できる展望台。

チケット：大人RM25（金土日RM35）、子どもRM18（金土日RM25）
🕙10:00〜22:00

●マラッカ海峡モスク
Straits Mosque

マラッカ海峡に浮かんでいるかのごとく建てられたモスク。礼拝時間以外は一般公開しているが、肌を露出しない服装で訪れること。

Kristang Cnisine

海風を感じながらシーフードを満喫

ポルトガル系の子孫が代々レシピを受け継いだクリスタン料理も、マラッカならではのグルメ。
レストランがいくつか並んでいるので、シーフード料理を堪能しよう

1. The Jetty by Gbar。桟橋がバーに。**2.** 脈々と受け継がれる伝統のクリスタン料理カレーダビル（Curry Dabil）RM25。酸味と辛味が刺激的だ。**3.** イカ焼き（Baked Squid）RM30。前述のカレーダビルと共にレストラン・デ・リスボン（Restoran De Lisbon）で食べることができる。**4.** キリスト像。ポルトギース スクエアのランドマークだ。

Portuguese Square

ポルトギース スクエア

| MAP / P156-A4 |　　**VILLAGE**　　|

多くのシーフードレストランが並ぶ広場

プラナカンとは、マレー語で「地元生まれの子」という意味で、海外から移住した男性と現地女性との間に生まれた子どもやその子孫のこと。中華系はババニョニャ、インド系はチェティー、ポルトガル系はクリスタン(Kristang)またはポルトギース・ユーラシアンと呼ばれる。さて、ジョンカーウォーク周辺から車で15分ほどのところに、そのユーラシアンが暮らす集落が残っている。豊富な種類の海鮮を提供するレストランがいくつも並んでおり、マラッカの隠れ名物クリスタン料理を堪能できる。夕暮れ時の風情あるマラッカ海峡を眺めながら食事や散歩を楽しんだら、最後は桟橋にあるバーで乾杯しよう。

マラッカ海峡に面してシーフードレストランがずらりと並ぶ。

DATA

🏠 Portuguese Settlement, Melaka 　🕐🈺☎ 店舗により異なる

Column.7

マラッカおすすめの乗りもの2選

トライショー（Trishaw）
▶MAP／P156-B4

　世界遺産の街並みを歩いていると、大きな音とともにサイドカー付きのド派手な三輪車が登場！　これがマラッカ名物トライショーです。夜になるとまばゆい電飾に圧倒されますが、効率よく名所をまわるなら意外と便利。多少の恥じらいは否めませんが、乗ってしまえばこっちのもん！　せっかくだから観光客気分を思いっ切り満喫して。

料金
①サンチャゴ砦まで往復 RM25が目安
②マラッカ中心地12名所周遊（約50分）
　RM50が目安
*1台分（2名まで乗車可）

オランダ広場付近から乗ることができます。にぎやかなキャラクターがデザインされた車体、夜は派手な電飾が近年の流行りだ。

※実際の車体のデザインが写真とは異なる場合があります

リバークルーズ（River Cruise）
▶MAP／P156-B4

水面に映る川辺の景色を写真に収めるなら、早朝がおすすめ。

　マラッカ川の河口近く「ムラカリバースクウェア」を出発。いくつもの橋をくぐって川から望む橋と街並みは、歩くのとはまた違った視点で多くの発見があるはず。おすすめはお客さんが少なくオオトカゲやカワウソに出くわすチャンスのある朝一番のクルーズか、日が暮れてライトアップされたリバーサイドのクルーズ。時間ごとに変化する景色もマラッカ川の醍醐味です。

外国人料金：大人RM30 子どもRM25（2～12歳）
運行時間：9:00～23:00
（チケットは窓口またはオンライン にて販売）
https://melakarivercruise.my

Malaysia

Ipoh
── イポー ──

スズ鉱業で栄え大発展を遂げたイポーには、当時をしのぶ街並みが残る。

石灰岩から成る岩山や鍾乳洞を探検し、

洞窟内に建立された寺院を訪ねれば、厳かな自然に圧倒されることだろう。

ミネラル豊富な地下水のおかげでもやしや果物はみずみずしく育つ。

歴史、大自然、グルメが詰まったイポーを満喫しよう。

Thean Chun Coffee Shop

ティエンチュン コーヒーショップ

| MAP/ P157-C3 | **KOPI TIAM** |

イポー名物がそろう老舗コピティアム

イポーといえばもやしとチキン。それにホーファン（河粉）というクイティオより細い平麺が名物だ。厚めに切ったチキンとホーファンを提供する有名店があたかも「イポー代表」かのように評されるが、カイシーホーファン（雞絲河粉）の方が断然うまい。カイシーとは細く割いたチキンのことで、この形状の方がツルリと滑らかなホーファンによく絡む。鶏とエビのうま味が凝縮されたスープをチキンが吸収して、口の中でそれぞれのおいしさが合体するのだ。ここは古くからの人気店だが、ほかにもたくさん屋台があるので、あなた好みのお店を探してみよう。

1.クイティオは米粉でできた平べったい麺。ホーファンも同様だがクイティオより薄くて細い。 水の違いからか、麺はKLで食べるよりツルツルとした食感。**2.**ブントン産のもやしはぷっくりシャキシャキ、みずみずしい。**3.**蒸しプリン「カスタード」もイポー名物。

コピティアム（Kopi Tiam）とは中華系の屋台が数軒集まる喫茶店のような場所。ドリンクを提供しているのがオーナーで、そこを間借りしていろいろな屋台が集まっている。

DATA

🏠 73, Jalan Bandar Timah, Ipoh　🈵 水曜、木曜　🕐 8:00〜16:30

Kedai Kopi Sin Yoon Loong

クダイコピ シンユンロン

| MAP / P157-C3 | **KOPI TIAM** |

1938年創業。イポーホワイトコーヒーの名店

コピとは、コーヒー豆のロブスタ種やリベリカ種にマーガリン(バター)と砂糖を加えて焙煎したもので、豆は黒々としてつややかだ。一方、ホワイトコーヒーはアラビカ種、ロブスタ種、リベリカ種を混合し微量のマーガリン(バター)のみを加えて焙煎するため、コピに比べると色が薄い。どち らもコンデンスミルクかエバミルクを入れてマイルドにする。豆からいれたホワイトコーヒーはインスタントと比べると香りも風味も段違い。そんなホワイトコーヒーとローストポークはイポーのおじさんたちが好む朝食です。ミスマッチかと思いきや、絶妙なハーモニーで合うんです!

1. インスタントではないホワイトコーヒーを提供するのがイポーならでは。**2.** イポーのカヤトーストは薄切りでサクサク。ワンタンミーやナシレマッ、エッグタルトなどもあります。

DATA

🏠 15A, Jalan Bandar Timah, Ipoh　📞 05-241 4601　🈳 不定休
🕐 6:30〜14:30

Kafe Sun Yoon Wah
カフェ サンユンワー

| MAP/ P157-C3 | **RESTAURANT** |

冷た〜い、スノービアがたまらない！

オールドタウンは朝食を提供する店が多い。14時を過ぎると老舗はシャッターを早々に下ろしてしまうので、観光客でにぎわっていたというのに、夕方にもなると辺りは途端に静かになる。そんななか、夜が更ければ更けるほど盛り上がりを見せるのがサンユンワー（新元华）だ。キンキンに冷やしたビールを凍らせたグラスに注ぐと……ビールはたちまちフローズンに！ このスノービアのシャリシャリ感がたまらなく、私や友人はいつもキリがないほど飲んでしまう。火照った体もクールダウン。でも飲みすぎには要注意！ 中華レストランなので、晩ごはんがてらのスノービアもおすすめです。

1.路上ビアガーデンは雨天決行！ **2.**焼いたスパムを甘辛いニョニャソースにディップ Nyonya Luncheon Meat RM25。 **3.**スノービア（Snow Beer）RM20。 **4.**サンバルプタイ（Sambal Petai）RM29。プタイは「臭豆」とも呼ばれるほど独特の香りをもつ。クセが強いけどハマります。

DATA

🏠 7, Jalan Bijeh Timah, Ipoh　　☎ 012-512 9980
🕐 11:00〜24:30

Durbar At FMS
ダーバー アット FMS

| MAP / P157-C3 | **RESTAURANT & BAR** |

1.海南レストランの定番料理、海南チキンチョップ（Hainanese Chicken Chop）RM23。**2.**魚、えび、カニがたっぷり入ったグラタン（Seafood au Gratin）RM30はマッシュポテト添え。**3.**店の外観。FMSはFederal Malay Statesの略でマレー連合州のこと。

マレーシア最古のレストランバーがリバイバル

FMSは1906年に海南からの移民が創業したマレーシア最古のレストランバー。もともとイポーのメイン通りで営業していたが、1923年に当地へ移転。それから2007年まで営業していたが惜しまれつつ閉店した。海南人の多くはイギリス人宅にシェフとして勤めていたので、マレーシアの海南料理は洋食が多い。2019年、イポー育ちの建築家により改修されレストランバーが復活した。地元の人、特に70〜80代の人々はとても喜んだという。海南や西洋、ローカル料理が充実していてリーズナブル。何より5つ星レストランに劣らぬきめ細やかなサービスが素晴らしい。

オックステールスープやバナナフリッターなど洋食以外にローカルフードも充実。
バーではスピリッツやカクテルの品ぞろえが豊富。

DATA

🏠 2, Jalan Sultan Idris Shah, Ipoh　📞 017-797 7115　🈺 水曜
🕚 11:00〜22:00　💳 可

Shinhalese Bar

シンハリーズ バー

| MAP/ P157-C3 |　　**BAR**　　|

タイムスリップしたかのようなオールドバー

スリランカからやってきたシンハラ人、現オーナーのペレラ氏のお父さんが1931年にオープンした。営業し続けているバーとしてはイポーで一番古いだろう。常連のおじさんたちの高らかな笑い声が漏れ聞こえ、スイングドアに手をかけるのを一瞬ためらうかもしれない。そこを思い切っ

て開ければオーナー夫妻がにこやかに迎えてくれるだろう。創業当時からほとんど変わらないという店内を物珍しげに見渡せば、ほろ酔いおじさんが「チアーズ！」とグラスを傾ける。たとえあなたが行きずりの旅人でも、まるで旧知の仲のように歓迎してくれるアットホームなバーだ。

1.まずはビールで喉を潤して。　**2.**ドライチリ、赤唐辛子と青唐辛子、赤タマネギ、揚げ小魚の炒め物（Deep Fried Anchovies）RM12。ほか、インド系パブの定番料理、マトンカレー（Mutton varuval）RM15も美味。黒ビール（ギネスビール）に合います。**3.**目印はスイングドア。

DATA

🏠 2, Jalan Bijeh Timah, Ipoh 　📞 05-241 2235
🕐 12:00〜21:30

Tin Alley
ティン アリー

| MAP / P157-C3 | **GALLERY & CAFE** |

イポーの歴史的遺産の保存とアート&カルチャー発信拠点

19世紀後半の風情を色濃く残した古いショップハウス。中国の古い看板やビンテージ家具が並ぶ店を奥に進むとピザ窯がある。ここは1階と2階でイタリアンやインド料理を提供するレストランで、隣は自家製アイスクリームが人気のカフェ。展示会やイベントに使えるスペースの壁や窓は当時のまま残されているので、写真スポットとしても話題だ。イポーの街並みを彩る竹のすだれは、商品を日差しから守るため現在も使われており、そのすだれ職人の工房や家具職人の作業場、中国茶専門店なども軒を連ねる。公開エリアは自由に見学できるので気軽にのぞいてみて。

1.看板やアンティーク品を展示する店の奥にレストランがある。**2.**飾り気はまるでないが、その素っ気なさが心地いい中庭。**3.**間口は狭いが中は広い。部屋ごとにつながっている階段は複雑に入り組んでいて、まるで迷路のよう。

DATA

🏠 3, Lorong Bijeh Timah, Ipoh　📞 012-216 1955　🚫 月曜
🕙 10:00〜18:00　💳 店舗により異なる

Han Chin Pet Soo

ハンチン ペットスー

| MAP / P157-C3 | **MUSEUM** |

スズ鉱業で富を得た客家出身の富豪たちが集う会員制クラブ

スズ鉱業で大成功を収めた客家出身の実業家リョン・フィーが、「ハンチン錫業者クラブ」という会員制クラブを1893年に結成した。ハンチンとは日本語だと「有閑」という表現が近いだろうか。会員資格は同業者または客家出身の男性で、アヘンや賭博、娼婦との交遊が合法的に行われた。もちろん妻子禁制の場。1920年代の日本では震災恐慌、金融恐慌などが続き海外移住する人が増えた。イポーには約180名の日本人が移住し、そのうちの約50名は娼婦だったという。当時の様子を伝える資料などを残すこの博物館は、1日に3回、英語ガイド付きのツアーを開催している。

1.創立当初は2階建てだったが、1929年に改築して3階建てに。**2.**スズ採掘場の様子や客家人の生活、その文化などを展示。事前予約は www.ipohworld.org/reservation/。空きがあれば当日入館も可（無料）。維持費用として心づけを募っている。**3.** 2階のラウンジは麻雀など賭博の場。

DATA

🏠 3, Jalan Bijeh Timah, Ipoh　📞 05-241 4541　🈑 月曜
🕐 ガイドツアーは11時、14時、15時30分の3回　📷 可　💳 不可

Ho Yan Hor Museum
ホーヤンホー ミュージアム

| MAP/ P157-C3 |　　**MUSEUM**　　|

イポー生まれの中国ハーブティーと創業者の地道なサクセスストーリー

　風邪のひき始め、中華系の人は漢方薬の店へ走りハーブティーを飲む。こじらせないよう予防策だ。ホーヤンホー（何人可）は葛根湯のような薬用ハーブティーで、ティーバッグ一包ずつに茶葉や漢方薬が入っている。急な体調不良にも便利なので常備している家庭も多い。創業者のホー博士はこの家の2階を間借りし家族8人で暮らしていた。彼は毎朝漢方茶を作り、夕方、家の前で販売した。すると、この漢方茶は元気がつくと、人づてに遠方までうわさが広まった。その後ホー博士はマレーシア中を自転車で駆け回りつつ販売。地道な営業の末、今やマレーシア最大の医薬品製造会社にまで成長した。

1.ホー博士が間借りしていた建物がミュージアムに。入館無料。ホーヤンホーの試飲や販売も。日本語の説明もあり、庶民的な価格なので試す価値あり。 2.家の前に屋台を出してお茶を販売していた。 3.ホー博士は自転車でマレー半島を巡りながらハーブティーを販売した。

DATA

🏠 1, Jalan Bijeh Timah, Ipoh　☎ 05-241 2048　🗓 月曜
🕐 10:00〜16:00　Ⓒ 可

Belakang Kong Heng By Dreamscape

ブラカン コンヘン Byドリームスケープ

| MAP/ P157-C3 | **HOTEL** |

ファミリールームは6名まで宿泊可。セックサンが手掛ける隠れ家リゾート、セケピン（Sekeping）はKLにもいくつかあるのでウェブサイトを要チェック。www.sekeping.com

木々が茂るヘリテージ空間に身を委ねて

その昔、隣には劇場があり、この建物は京劇役者の宿舎だった。1920年代から残る歴史的建造物を維持しながらホテルとして生かしたいと立ち上がったのは、イポー出身のン・セックサン。自然と建築物の調和をテーマとしたプロジェクトを手掛ける景観設計家だ。コンヘンスクエアは3棟から成り、老舗コピティアム（喫茶店）、カフェや書店が入居している。2階以上はゲストハウスになっていて値段もお手頃。カトラリー、簡易キッチン付きのファミリールームはグループ旅行に、トイレ、シャワーバス共同の部屋はバックパッカーに。旅の予算を抑えてオシャレな旅を実現できる。

1.イポー駅から徒歩圏内、複合商業施設コンヘンスクエア。木々に囲まれ築100年以上の建物が景観になじんでいる。2.ホテル内のいたるところに緑がある。部屋はトイレ、シャワー付きと共同で使うタイプがある。3.共用スペースは交流の場。4.キッチン回りは充実しているが、歯ブラシとシャンプーは要持参。タオルあり。ドライヤーは受付で貸し出している。

DATA

🏠 89 & 91, Jalan Sultan Yussof, Ipoh 　📞 016-425 2275
🅟 可 　🅒 可

Foh San

フォー サン

| MAP/ P157-D3 | **RESTAURANT** |

チーチョンファン(猪腸粉)は点心の定番。ここは珍しく牛肉入り(右上)。

点心激戦区で一番大きいレストラン

この辺りは昔から点心のお店がた
くさんある。なかでもフォーサン(富
山)とその向かいにあるミンコート
(明閣)は、他店と一線を画す人気店。
点心そのもののおいしさについては
甲乙つけがたく、いまだにフォーサ
ン派とミンコート派に好みは分かれ
るが、その決着はつけられない。ここ

では注文がしやすく、行列の待ち時
間が少ないフォーサンを紹介。天井
が高いオープンエアだから、混雑時
の相席もゆとりがあるし、点心の種
類も豊富。ランチタイムには麺類や
ごはん類も提供しているのが近隣他
店との大きな違いだ。中秋節の月餅
(ムーンケーキ)の評判も高い。

1.おこわチャーハン（Stir Fried Glutinous Rice）がある店は少ないのでぜひ。**2.**具だくさんのおやき（Fung Seing Bun）と、イギリス統治時代にマレーシアで生まれたマーライコ（Ma Lai Guo）は、今や広東点心の定番。**3.**平日の朝でも大盛況。

DATA

🏠 51, Jalan Leong Sin Nam, Kampung Jawa, Ipoh　📞 05-254 0308　🈺 火曜
🕐 7:00〜14:30　🈂 可　🅲 可

Restoran Beauty Baru
レストラン ビューティーバル

| MAP / P 157-D4 | **KOPI TIAM** |

地元の人がイチオシする客家ヌードル

スズ鉱業が盛んだった頃、多くの客家人がイポーへ移住した。そんな歴史的背景もあり、ホーカーセンター（屋台集合施設）やコピティアム（喫茶店）には、ハッカミー（客家麺）やヨントウフ（酿豆腐）などの客家料理がよくある。ヨントウフは豆腐や苦瓜、ナスや唐辛子に、豚のひき肉、魚のすり身を

詰めたもの。スープの具にしたり素揚げにしたりする。ハッカミーは、豚そぼろとタレを混ぜて食べる汁なし麺。KLでは細麺だがイポーのハッカミーは平たい細麺を使う。店によっては豚のしぐれ煮のようなテイストのところもあるが、今回はこちらの店のクラシカルなハッカミーを推薦したい。

1.もやし入りがイポーらしいハッカミー（スープ付きRM3）。スープに自分で選んだヨントウフを入れる。 **2.**豆腐に具が詰まったヨントウフ。

DATA

🏠 97, Jalan Yang Kalsom, Taman Jubilee, Ipoh 📞 016-562 6363 🚫 月曜、火曜
🕐 7:00〜13:00

Yee Fat Curry Mee
イーファット カリーミー

| MAP / P157-D4 | **RESTAURANT** |

こってりスパイシーなチキンカレー

現オーナーの祖父が1955年に始めたお店。それ以前はコピティアム（喫茶店）の一角で商売していたが、こうして一軒の店を構えるに至ったのもこのチキンカレーのおかげだ。ドロッとしたチキンカレーはその香りだけでふんだんにスパイスが使われていることが分かる。イエローミー（黄色い麺）にカレーをしっかり絡めて頬張ると「うまっ！」と心の中で感嘆する。と同時に、辛さが猛ダッシュで追いかけてきて頭をバシーンとはたいて遠ざかる。そのくらい辛さに衝撃が走るのだが、後を引かないのはココナツミルクやさっぱりしたミントの葉のおかげ。汗も箸も止まらない。

ドライチキンカレーヌードル（浄鸡）RM8.50。ローマイカイ（餅米と鶏肉のおこわ）や甘めの漢方茶にゆで卵を入れたデザート兼ドリンクも有名。甘いゆで卵にまだ手が出せない私は小心者。

DATA

39, Jalan Kampar, Ipoh　05-242 1043　月曜
7:00〜14:00

55.
Ipoh

Purple Cane Tea House
パープルケーン ティーハウス

| MAP/ P157-D3 |　　　**CAFE**　　　|

体にやさしい菜食、ルイチャ

ルイチャ〔擂茶〕は、湯がいたインゲンや青菜などの野菜類、豆腐、ピーナツ、ゴマ、大根の漬物を細かく刻み、白米または雑穀米の上にのせて茶葉やミント、コリアンダーの葉などのハーブ類をすり潰した青汁をかけて食べる「具だくさん茶漬け」だ。客家(ハッカ)の伝統的な菜食で、食欲がないときでもサラサラとかき込めるヘルシーごはん。そんなルイチャを食べられるのがパープルケーンティーハウスだ。ここは中国茶の専門店で茶葉を使用した料理の評判がよく、一日中通し営業をしているレストランが少ないイポーでは使い勝手もいい。すてきなインテリアにも注目!

1.工芸茶RM16.80(2人分)。**2.**座敷席や個室もある立派なティーハウス。**3.**ニュータウンのど真ん中に位置する。かつては点心のフォーサンがここで営業していた。

さすがお茶の専門店、スープには龍井茶(ロンジン)を使用。Long Jing Lei Cha Set RM18。庶民派は郊外にある屋台へGo! RM10以下で食べられるので、「Lei Cha」と検索してみて。

DATA

🏠 2, Jalan Dato Tahwil Azar, Taman Jubilee, Ipoh 📞 012-668 3090
🕐 11:00〜22:00 🈂可 🅲可

Nasi Ganja (Nasi Kandar Ayam Merah)

ナシ ガンジャ(ナシカンダー アヤムメラ)

| MAP/ P157-D4 | **RESTAURANT**※ |

中毒になるうまさ。まさかのヘリコプターで持ち帰り!?

マレーシア人はジョークを好む。政治家や有名人の発言・事件には敏感に反応し、SNSではユーモアあふれる皮肉が飛び交い大喜利状態となる。嫌なことでも笑い飛ばす明るい国民性だ。この店の名物もしかり。「大麻ほどの中毒性をもつうまさ」としてナシ・ガンジャ(大麻飯)と皆に呼ばれている。コロナ禍のロックダウンで州をまたぐ車移動が禁じられたが、「どうしてもナシ・ガンジャが食べたい」と、ある有力者が36個も電話で注文。ヘリコプターを飛ばして受け取りに行った珍事にSNSが沸いたのは、巣ごもりを強いられた国民の記憶に新しい。この一件はレシートにも印刷され、笑いのタネとなっている。

1.1957年、創業者がインドのタミルナドゥ州から持ってきた鍋を現在も使用。**2.**ナシ ガンジャ(大麻飯)。フライドチキンとココナツのチャツネ、アチャール(ピクルス)、塩卵、ドバドバのカレー汁 RM6.80。**3.**中華系コピティアム(喫茶店)に位置する。**4.**珍事後レシートにプリントされたヘリコプター。風化させまいとする店のジョークだ。

DATA

🏠 2, Jalan Yang Kalsom, Ipoh　📞 016-595 9673　🕐 9:00〜17:00　💳 不可

※ 正確には屋台としての営業

Buntong Beef Noodle
ブントン ビーフヌードル

| MAP/ P157-D3 | **RESTAURANT** ※ |

淡泊なスープと牛肉の煮込みが好相性。ハッカミーやヨントウフも

ブントン ビーフヌードルはお昼から夜にかけての営業。晩ごはんを軽く済ませたい人にうってつけの店だ。のど越しのいいホーファン（細い平麺）に味付けが薄めのスープ、一瞬物足りなさがよぎるも、牛煮込みを口に放り込んだら パーフェクト。ヨントウフ（醸豆腐）はいろんな種類があるけれど、油揚げは絶対に食すべし。すり身の弾力と柔らかでジューシーな油揚げ、異なる食感の組み合わせは名コンビ。イポーのハッカミー（客家麺）の店は午前中のみの営業が多いが、ここなら夜でも食べられます！揚げ物は夕方からの提供。混雑時は店員さんの指示に従うこと。

卓上には自家製チリソースがあるので、辛いものが好きな人はディップすると味の変化が楽しめます。

DATA

🏠 75, Jalan Theatre, Taman Jubilee, Ipoh 　📞 012-465 5497 　🈺 日曜 　🕐 13:30〜22:00 　💳 不可
※ 正確には屋台としての営業

Chee Wah Coffee Shop

チーワー コーヒーショップ

| MAP / P157-D4 | **RESTAURANT** |

え⁉ こんなにおいしいローシーファン、食べたことない！

　ローシーファン（老鼠粉）は長さ5センチほどの米粉でできた短い麺。プニッとしたコシがある。チーワーのクレイポットローシーファンは、勢いのある炭火で土鍋を熱したらエビと豚ミンチを炒めて、だしと麺を加えてグツグツと煮立てたら出来上がり。フライドエシャロットとラード、青ネギを散らしてテーブルへ。仕上げに生卵を2つ落としてくれる。非常にシンプルだが、炭火の火力で具材から染み出したうま味とだしが、スープを奥深い味にする。弾力のある麺とスープを生卵が余熱でトロリとつなぎ合わせる。この土鍋内のチームワークたるや最強ではないか！

1.2.クレイポットローシーファン（瓦煲老鼠粉）RM21、サイズは2人前～。**3.**メニューは麺と鶏手羽（鶏翅）の揚げ物の2品のみ。鶏手羽は1本RM3.30だが、最低注文数は6本。冷めてもおいしいから夜食に持ち帰れば問題ナシ。営業日はフェイスブックで確認して。

DATA

🏠 12, Jalan Che Tak, Taman Jubilee, Ipoh　📞 05-254 1106　🈵 木曜
🕐 17:00～21:00　💳 不可

Restoran Tuck Kee

レストラン タッキー

| MAP/ P157-D3 | **RESTAURANT** |

イポーっ子なら誰もが知る、フライドヌードル専門店

イポーグルメをひとしきり制覇したら、次なる目的地はタッキー（徳記）だ。中華たまり醤油やオイスターソースがベースの黒々とした福建ソースで炒める焼きそば専門店。なかでもユーコンホー（月光河）は、イポーっ子激推しのB級グルメ。クイティオ（米の麺）をソースで炒めて生卵をポト

リ。名前の通り暗い夜空に浮かぶ月のよう。麺はうどんに似たダイロクミェン（大碌面）、ローシーファン（老鼠粉）、ビーフン（米粉）、イーミー（伊麺）、イエローミー（黄色い麺）から選べる。あんかけ麺ワッタンホーファン（滑蛋河粉）のほか、イポーのもやし、イイダコの醤油あえも人気の一品。

1.ユーコンホー（月光河/Yu Kong Hor）RM10。**2.**イイダコの醤油あえ（清甜八爪魚/Baby Octopus in Soy Sauce）RM21。ゆでたイイダコにほんのり甘めの中華醤油とごま油、ネギとフライドガーリックをあえたもの。

DATA

🏠 61, Jalan Yau Tet Shin, Taman Jubilee, Ipoh　📞 016-220 9361
🕐 13:00～22:30

Masjid Panglima Kinta

マスジッド パンリマ キンタ

| MAP/ P157-C3 | **SIGHTSEEING SPOT** |

西洋、インド、中国の建築様式が融和するユニークなモスク

キンタ川沿いの遊歩道を歩いていると、オールドタウンとニュータウンをつなぐ橋のそばに、青と白がまばゆいモスクが見えてくる。昔、この辺りを統治していたダト・パンリマ・キンタという裕福なマレー人が、死去した愛妻のため1898年に建立したモスクで、インドのタージマハル

のような逸話が今も残る。ガイドによると外壁の蹄鉄形のアーチや装飾はムガール風の建築様式、柱頭は西洋のネオクラシカルスタイル、八角柱のミナレット（塔）はパゴダのような中国風のデザインを取り入れているそう。多民族国家のマレーシアを象徴するかのような美しいモスクだ。

1.2012年、国の重要文化財建造物に指定された。ガイドがいれば無料で案内してくれる。隣には博物館があり、地域の歴史が詳しく分かる。**2.**木造のミンバル（説教壇）はくぎを使わずに造られている。

DATA

🏠 15, 3, Jalan Masjid, Taman Jubilee, Ipoh
🕐 9:00〜12:00、14:00〜16:00、17:00〜18:00（土〜木）
9:00〜11:00、15:00〜16:00、17:00〜18:00（金）

Content House Foot Reflexology

コントントハウス フットリフレクソロジー

| MAP/ P157-D3 | **RELAXATION** |

熟練のマレーシア人マッサージ師が体をほぐす

マレーシアでは中国式やタイ式など、アジア各国のマッサージを安く受けることができる。定期的にマッサージに通い体の調子を整える人も多く、中華系の住宅地には必ず数軒は店がある。仕事やレジャーでイポーに来ることがあると、必ずこちらのマッサージ店で一日を終える。着目すべき は施術師が全員熟練のマレーシア人という点。下手な人に当たったことはないが、合わなければ施術途中でも施術師を交代してもらえる。ツボと力加減を心得ているので身も心も安心してほぐされる。近隣の系列店では鍼灸(しんきゅう)治療も始めたとのこと。美容や痩身(そうしん)などの悩みも受付中だ。

足(50分)＋肩(10分)でRM59〜。プレートを使い肌の上から一定の圧力をかけ、血液の流れをよくするカッサや、ガラス玉などを皮膚に吸着させて、老廃物の排出を促すカッピングなどの施術もある。

DATA

🏠 57 & 59, Jalan Sultan Abdul Jalil, Kampung Jawa, Ipoh ☎ 05-243 0043
🕐 11:00〜24:00 🅿 可 💳 可

Bedrock Hotel

ベッドロック ホテル

| MAP/ P157-D4 |　　HOTEL　　|

ロビーやラウンジに飾られた絵画のほとんどはオーナーの作品。

あふれるおもてなしの心で、快適なホテルステイ

名前の通り、ロビーや各階のラウンジには色とりどりのユニークな石が飾られている。これらは全てオーナーのコレクション。明るく朗らかなオーナー夫妻は、ゲストが旅行を満喫できるようにしっかりとサポートしてくれるので、イポーを訪れるのが初めてでも心強い。全10室と数少ない客室には理由がある。全室(ファミリールームやスイートルームを含む)かなり広々とした設計で、コーヒーメーカー、給水器、冷蔵庫、アイロン、ドライヤー、金庫などを完備する充実ぶり。あまりに居心地が良く、その快適さは不覚にも観光に出るのが面倒になってしまうほど。飲食店も徒歩圏内で見つかります。

1.2.ぜいたくな造りのスイートルームは、コネクトルームにもなっているので家族やグループ旅行に最適。**3.**朝食はナシレマッ（ココナツミルクで炊いたごはんにサンバルなどを添えたもの）かウエスタン（洋食）、どちらかチョイスして。サラダはセルフで好きなだけどうぞ。

DATA

🏠 13-15, Jalan Che Tak, Taman Jubilee, Ipoh　📞 05-241 3031
🅿可　🇨可

Column.8

ぷらっとイポー街歩き＆食べ歩き

Old Town

New Town

ツーリストインフォメーション

パダン・イポー

市場

Ⓒ コンキュバインレーン

Ⓑ コンヘンスクエア

Ⓐ リトルインディア

Ⓓ ミューラルアートレーン

Ⓕ パロ101イポー

Ⓔ パブ通り

Old Town

Ⓐ リトルインディア
Little India

イポー名物ブントン産のカチャンプテー（ウラド豆の歯ごたえあるスナック）を、商店やレストランで購入できる。

Ⓑ コンヘンスクエア
Kong Heng Square

元銀行の金庫や貸金庫を利用した書店BookExessでは、マレーシア映画監督ヤスミンを紹介する展示も。

Ⓒ コンキュバインレーン
Concubine Lane

20世紀初頭のアヘン・賭博・売春街。後に華人の富豪たちが愛人を住まわせて「愛人横丁」となった。

New Town

Ⓓ ミューラルアートレーン
Mural Art Lane

マレーシアのアーティストが描いたウオールアートが集まる通り。マレーシアらしい生き生きとした絵が楽しめる。

Ⓔ パブ通り
Jalan Lau Ek Ching

第二次世界大戦前の建物が多く残る、歴史ある静かな通り。パブやバーが集まっているナイトスポット。

Ⓕ パロ101イポー
Paloh 101 Ipoh

飲食店が集まる新スポット。イポー初、ハードロックカフェのグッズショップがオープンして、注目を集めている。

Old Town 街歩き!

① イポー鉄道駅
Ipoh Railway Station

1917年建造の美麗な駅舎は、現在も電車（ETS）とマレー鉄道（KTM）の駅として利用されている。

② イポータウンホール
Ipoh Town Hall

1916年建造。駅舎とタウンホールの向かいにある高等裁判所は、同じイギリス人建築家が設計した。

③ バーチ記念時計塔
Birch Memorial Clock Tower

1909年建造。ペラ州初代英国総督J.W.W.バーチの追悼碑。塔の四面には世界の文明を描いたパネルもある。

④ ペラッ水力発電会社
Perak Hydro Building

キンタ渓谷でのスズ産業と関連工事に電力を供給する会社の拠点として、1930年代に建てられた。現在はマレーシア最大級の電力会社。

⑤ イポー広場
Padang Ipoh

1898年にスポーツリクリエーション用に作られた広場。ナシ ガンジャ（P.126）のヘリコプターが着陸した地。

⑥ 香港上海銀行
HSBC Building

1931年建造。イギリスからの独立以前、イポーで最も高いビルだった。現在はHSBCのイポー支店として営業中。

⑦ F.M.S.バー＆レストラン
F.M.S. Bar & Restaurant

1906年創業のマレーシア最古のレストランバーが、1928年に当地へ移転。現在はダーバー アット FMS（P.112）だ。

⑧ インディア ムスリム モスクイポー
Masjid India Muslim Ipoh

1908年建造。インド系ムスリムの大富豪が、インドから職人たちを呼び寄せて建てたムガール建築のモスク。

Column.8

New Town 食べ歩き!

a ディーン CT コーナー チェンドル
Deen CT Corner Cendol ► MAP / P157-D3

正統派チェンドル(かき氷風デザート)を、金時豆(Kacang)、コーン(Jagung)、餅米(Pulut)などお好みのトッピングでどうぞ。P.J.K.は全部のせ。

チェンドルカチャン
(Cendol Kacang)RM4。

🏠 21, Jalan Mustapha Al-Bakri
🕐 11:30〜18:30 🚫 金曜

b ファニー マウンテン
Funny Mountain ► MAP / P157-D3

イポーで最も古い豆腐花店の一つがここ。温かくてシルキーな豆腐はめちゃうま! たとえ行列に並んでも、男性店員たちの早業であっという間に提供されます。

トウフーファー(豆腐花 /
Tau Fu Fah)RM3。

🏠 50, Jalan Mustapha Al-Bakri
🕐 10:30〜19:30 🚫 火曜

c アヤム ガラム アンケンリム
Ayam Garam Aun Kheng Lim ► MAP / P157-D3

小ぶりな鶏肉に漢方薬を詰め、岩塩の中で丸焼きしたチキン。ほんのり香る漢方薬と塩加減がいい。我が家は残った骨でおじやを作ります。

鶏の岩塩焼き(Salt Baked Chicken)RM33。

🏠 24, Jalan Theatre
🕐 9:00〜17:30(24H自販機あり) 🚫 火曜

d ヌール ジャハン ベーカリー
Noor Jahan Bakery ► MAP / P157-D3

1902年創業のパン店。おすすめはドーナツとカラフルなバタークリームで飾ったフルーツケーキ。懐かしい味に笑みがこぼれます。

イポー名物の昔ながらのパン店。

🏠 7, Jalan Raja Ekram
🕐 10:00〜20:00

e メイウェイ ビスケット
Mei Wei Biscuits ▶MAP/P157-D3

イチオシは甘い餡（あん）と
しょっぱい塩卵の黄
身、乾燥肉が入っ
たスイーツのようなパ
イのようなまんじゅう。

ハムタンスー
(Ham Tan So) RM4。

🏠 55-57, Jalan Yau
Tet Shin 🕐 9:00～
18:00(土日祝は21時まで)

f シンウェンファイ ピーナツ キャンディー ショップ
Sin Weng Fai Peanut Candy Shop
▶MAP/P157-D3

ピーナツとゴマをあめで
固めたおこし。ひと口
食べたら止まらない!
人気商品につき、購
入は1人7袋まで。

ピーナツキャンディー
(PeanutCandy) RM11。

🏠 69 & 69A,
Jalan Yau Tet Shin 🕐 9:00～21:30

g シンエンホー ビスケット コンフェクショナリー
Sin Eng Hoe Biscuit
Confectionery ▶MAP/P157-D3

土産物や焼き菓子がそ
ろう。ココナツジャムが
たっぷり入ったカヤパフは
おやつや朝食にぜひ。

カヤパフ
(Kaya Puff) RM4。

🏠 54, Jalan Yau Tet Shin
🕐 9:30～17:00

h イーホイ コーヒー マニュファクチュア
Yee Hoi Coffee Manufacturer
▶MAP/P157-D3

焙煎（ばいせん）の浅いホワイトコーヒー
(ロブスタとアラビカ種)の豆
が買える店。もちろん粉に
もひいてくれます。

ロブスタ500g RM13、
アラビカ種500g RM28。

🏠 C62,Pasar Besar Ipoh
市場内 🕐 8:00～14:00 🏠 月曜

i ヨハン ケーキハウス
Yohan Cake House ▶MAP/P157-D4

外側は虎のような模様
のケーキ。パンダンや
チョコレート風味のふん
わりしたスポンジとクリー
ムが入ってます。

タイガースキンケーキ
(Tiger Skin)
5個 RM16。

🏠 8, Jalan Datuk Onn
Jaafar 🕐 9:00～18:30

j ホーヤンホー
Ho Yan Hor ▶MAP/P157-C3

万能ハーブティー
の店。風邪には
緑、冷えや血行
促進にはオレンジ
など、症状に合わ
せてチョイスして。

ハーブティー4種。

🏠 1, Jalan Bijeh Timah
🕐 10:00～16:00 🏠 月曜

＼ もっとローカルマレーシア ／

ポメロって何?

イポーの中心地から車で約15分の場所に、20
軒ほどポメロ商店が並ぶ「ポメロパラダイス」が
ある。ポメロとは、イポーで栽培される文旦（ザ
ボン）のような柑橘（かんきつ）フルーツのこと。果肉が黄色
く甘いものと、果肉がピンクで甘酸っぱいものと
2種類ある。外見では分からないのでお店の人に聞いてみて。ニュータウンの土産店
の軒先にもポメロがたくさんぶら下がってます。食べやすいようにむいて果肉を容器に
入れてくれるサービスも。ポメロの皮を干して砂糖漬けにしたものもあります。

CAVES

イポーのダイナミックな自然を満喫

そびえる山の麓には無数の洞窟が存在する。
地形を生かして建立された厳かな寺院、美しい湖や鍾乳洞、
きらめくクリスタルの壁……まだ見ぬ景色を求めて冒険に出よう！

1.山頂からの眺め。イポーの町全体を見渡せる。**2.**寺院の入り口。

Perak Tong Cave Temple

ペラットン 洞窟寺院

| MAP/ P157-C4 | SIGHTSEEING SPOT |

荘厳な仏教寺院! 約450段の階段を登って町を一望

ペラットン 洞窟寺院は、イポーの中心地から北へ車で15分ほどのところに位置する、洞窟の中にある仏教寺院だ。ひんやりとした本堂には高さ約12mの黄金の大仏が祀られている。この洞窟寺院の見どころはきらびやかな大仏や観音像に加えて、中国の神話や仏教経典の登場人物が迫力満点に描かれた壁画にある。洞窟をさらに奥へ進むと太陽の光が差し込む方向へ階段が延びている。洞窟の山頂へ続くこの階段、約450段を登ることになるが、これが結構キツい！山頂へ行くなら水を持参して、歩きやすい服装で。暑さに弱い方は、早朝や夕方に訪れるのがおすすめです。

1926年建立のペラットン（霹靂洞）洞窟寺院の本堂。拝観無料。

DATA

🏠 Jln. Kuala Kangsar, Kawasan Perindustrian Tasek, Ipoh　📞 011-2358 4126
🕗 8:00〜17:30

Kek Look Tong Cave Temple

ケッロックトン 洞窟寺院

| MAP/ P157-C4 | **SIGHTSEEING SPOT** |

洞窟を抜けると現れる別世界。

幻想的な鍾乳洞を抜けると広がる桃源郷

イポーには大小含め約30ほどの洞窟寺院がある。とりわけイポー南部には多くの中華寺院が点在するが、なかでも拝観すべきはケッロックトン（極楽洞）洞窟寺院だ。1920年代に建立され、第二次世界大戦後、鉄鉱石の採掘が行われ、鉄鉱石はこの洞窟を通って運び出された。1985年、採掘が閉業した後に寺院としての役割を再び取り戻した。約100mにわたる洞窟内は道教の神と仏教の仏像が祀られ、周りを囲む鍾乳洞の造形美が神秘的だ。そこを抜けると異次元に迷い込んだかのような美しい庭園が広がる。石灰岩のゴツゴツした山間の風情は、ここにしかない絶景だ。

1.2.鍾乳洞の美しさはイポーでここが一番かもしれない。　**3.**ボートは30分で2人乗りRM12、4人乗りRM20。自転車は30分で2人乗りRM6、4人乗りRM10。火曜はお休みなので注意。

DATA

🏠 Pesiaran Sepakat 3, Tamam Emdah Jaya, Ipoh　📞 05-312 8112　🕐 8:00～16:30

Tasik Cermin

タズィック チュルミン（チュルミン湖）

| MAP/ P157-C4 | **ACTIVITY** |

チュルミン湖の静かな湖面をボートで20分、周遊できる。大人RM25、子ども（12歳以下）RM18。

採掘場跡がエコアドベンチャーパークに！

　ここはまだできたばかり（一部施設は建設中）のエコパーク。目玉はなんと言っても石灰岩の山々に囲まれた2つの湖タズィック チュルミンだ。その昔、石灰岩の山脈にあった洞窟（空洞）の天井部分が崩れ落ちたことで山の真ん中に湖ができた。石灰岩だけでなくスズや鉄鉱石の採掘が始まると、湖は人工的に大きくなって現在の形状となった。洞窟を徒歩で行くと現れる湖と、ボートに乗り約120mの洞窟をくぐり抜けると現れる湖の、2つの湖があるので、せっかく来たなら両方訪れてみて。洞窟を抜けた先には、神々しい大自然があなたを待ち受けています。

洞窟内を通り抜けると、チェルミン湖へ出る。入場料RM8。

DATA

🏛 Tasik Cermin, Ipoh　　☎ 012-268 4116
🕐 9:00〜18:00

Gua Tempurung

グアトゥンプロン

| MAP/ P157-C4 | **ACTIVITY** |

マレー半島で一番長い洞窟を探検

約3kmという洞窟の長さはマレー半島最長で、およそ1万年前から存在する。洞窟内には約1.6kmにわたり川が流れている。道が整備されており、ドライツアー(ガイドなし)で、約640段の階段を道なりに上っていくと、地上約120m地点(プラットフォーム5)まで自力で行くことができる。鍾乳石、石筍、岩層やクリスタルなど、見どころ満載。1時間ちょっとで往復可能だ。奥深く探検したい人はウエットツアー(ガイド付き)に参加しよう。2.4km(約2時間)と3.8km(約4時間)のコースが用意されている。川の中を歩くのでぬれてもいい格好で、着替えも用意して挑もう。

1.2.ドライツアー:大人RM30、子どもRM15(予約不要)。ウエットツアー:大人RM40〜、子どもRM20〜(要予約)

DATA

🏠 Tasik Cermin, Ipoh 📞 014-220 4142 ✉ aptguatempurung@gmail.com
🕐 9:00〜16:00(ドライツアー受付時間)、9:00〜10:30(ウエットツアー受付時間) 🅿 可

Malaysia

イポー（Ipoh）から
タイピン（Taiping）へ
ショートトリップ

19世紀、スズ鉱脈の発見を機にスズブームが到来し、

マレーシア随一の商業都市（州都）として栄えたタイピン。

マレーシアで最初の鉄道、港、都市区画化、警察署、刑務所、郵便局、新聞など、

100以上ものインフラやサービスはタイピンから始まった。

しかしスズを巡るラルート内戦（1861-1874年）後、スズ産業は次第に衰退した。

往時の面影を残しつつ、タイピンの町には平和で静かな時が流れる。

古都タイピンをバスや徒歩で巡る

クアラルンプールから車で3時間ほど、
イポーから1時間ちょっとの距離にあるタイピンは、
徒歩で周遊できる小さな町。
商業都市として活気を帯びた過去の栄光が旅情をそそる。

Malaysia

- - - - 観光バスのルート
★ バス10分停泊地

刑務所

クロスストリートバザー

タイピン駅 b
リトルインディア

旧タイピン駅 F

タイピン病院

ハーモニー通り

屋台街

トゥパイ通り

レインツリーウォーク

観光バス
出発地点 a

● **ハーモニー通り**
Jalan Kota
寺院やモスクが並ぶ。

● **トゥパイ通り**
Jalan Tupai
1900年代前半建造の
ショップハウスが並ぶ。

● **クロスストリートバザー**
Cross Street Bazaar
夜市が毎週金〜日に開催
される。

● **リトルインディア**
Jalan Taming Sari
インド系の店が軒を連
ねている。

● **屋台街**
Jalan Manecksha
夕方から夜にかけて屋
台街になる。

● **レインツリーウォーク**
Raintree Walk
並木の木々の樹齢は120
年以上。

観光バス（SIGHTSEEING BUS）

ヘリテージトレイル（11.5km）を一周する観光バス。この
EVバスは日本から寄贈されたもの。動物園前を出発して
3カ所（地図参照）に各10分ずつ停まる。

出発時間:9:00/11:30/15:00　大人RM20　子どもRM10

ヘリテージウォークの見どころ

1 桟橋跡
Silver Jubilee Jetty

1936年建造。昔、イギリスのイベントやセレモニーで使用された桟橋。

2 旧時計塔
Old Clock Tower

1881年建造。町のランドマークの旧時計塔は要塞として建てられた。木造だったが1891年にレンガ造りに建て直され、1908〜1950年の間は交番や消防署の役目を果たした。

3 和平茶室旅社
Peace Hotel

1928年建造。元々は裕福な中国人貿易商の邸宅だった。現在はコピティアム(喫茶店)として営業。

4 北京酒店
Peking Hotel

1929年、富豪の屋敷として建てられたが、1960年代後半からホテルに改修された。レトロな雰囲気が今なお残る。

5 福建會館
The Hokkien Association

1909年建造。中国福建省から移住した福建人の組合会館。

6 タイピン市立観光局
Taiping Municipal Gallery

1891年建造。旧土地測量局。ここにはタイピンの観光案内所があり、地図をもらえる。

7 旧電信局
Telegraph Office

1885年建造。現在は電気通信博物館(有料)。興味があれば入館してもいいが、外から見るだけでも十分楽しめる。

8 旧公有地管理局
District and Land Office

1897年建造。ネオクラシカル様式の建築物で、現在は市役所のような役目を担う。

訪れるべきタイピンの名店

A リエントン レストラン
Lian Thong restaurant ▶ MAP／P157-D1

1948年創業。あんかけ揚げそばのボム
ミーは見た目のインパクト大。タイピン名
物、コーヒーと麦芽飲料のミックス、ホー
カーサイや自家製ハニーライムがおいしい。

🕐 8:30〜14:00　㊡ 土曜、日曜

B レストラン カカッ
Restoran Kakak ▶ MAP／P157-C2

カイシーホーファン（チキン入りライスヌードル）、
フィッシュボールやフィッシュケーキがおいしい。
ローカルコーヒーのコピにハト麦を加えた香ば
しいカカッペンはこの店のオリジナルドリンク。

🕐 5:30〜13:00　㊡ 月曜

C ビスミラ レストラン
Bismillah Restoran ▶ MAP／P157-C1

1900年創業のママッストール（インド系ムス
リム食堂）。平たいパンのロティチャナイ
や、スパイシーな米料理のビリヤニが人気。

🕐 6:30〜20:00

D P.S.L. ゴレン ピサン
P.S.L. Goreng Pisang ▶ MAP／P157-C1

タイピンきっての人気揚げバナナの店。サ
クサクジューシーな食べごたえ。芋や春巻き
などもあります。街歩きのお供にいかが？

🕐 12:00〜19:00

E ラウッ マタン ホーカー センター
Larut Matang Hawker Centre
▶ MAP／P157-C2

朝が一番にぎやかなホーカーセンター。
店の数は少なくなるが夜も営業している。
ホーカーサイや特大アイスカチャン（豆入
りかき氷）など豊富に提供。フィッシュ
ボールとフィッシュケーキがのったチャー
クイティオ（写真）もおすすめ。

🕐 5:00〜18:00、5:00〜19:30（土曜、日曜）

F レイルウェイ ステーション ラクサ
Railway Station Laksa
▶ MAP/P157-C2

魚の香りと酸味が感じられる、ピリッと辛いアッサムラクサ。この店はこってり派。

🕐 11:00〜18:00　㊡ 木曜

G クダイコピ コックベン
Kedai Kopi Kok Beng ▶ MAP/P157-D1

海南チキンライスのマレーシア大会でトップ10に入賞した名店。生姜がピリッときいたチキンスープがとてもおいしい。

🕐 10:30〜14:30

H アンクルチュアン コピティアム
Uncle Chuan Kopitiam
▶ MAP/P157-D2

このコピティアム（喫茶店）を一躍有名にしたのがソルティッドコーヒー。甘味と塩味のバランスが特に素晴らしい。小魚やシイタケ入りの優しいスープに、その場で延ばした生麺パンミー（板面）を入れた屋台が大人気。行列に並んででも食べたい！

🕐 6:45〜15:00　㊡ 水曜

ファースン ファイヤーワーク チャークイティオ
Hua Soon Firework Char Koay Teow
▶ MAP/P157-D2

鍋を振るのは御年87歳のおじいちゃん。自分で作ったという足こぎ扇風機で送風し、クイティオ（米粉でできた麺）を炭火で炒めていく。ベチャッとなりがちで、炒めるには技術がいるクイティオだが、火加減の調整がうまい。卵はダックか鶏卵が選べるが、濃厚なダックがここのクイティオには合う。中心地から車で15分ほど離れてますが、訪れる価値ありのおいしさです。

🕐 18:30〜23:15
㊡ 日曜

タイピンは見どころ満載

a タイピン動物園＆ナイトサファリ
Zoo Taiping & Night Safari ▶ MAP／P157-D1

1961年開業のマレーシア初の動物園で、ナイトサファリが名物（運が悪いのか私はあまり活発に動く動物に出合えたことがない）。ここでは9時30分〜11時のフィーディングタイム（エサやりの時間）が楽しい！ キリン、ゾウ、カバの食事シーンは圧巻。猿がバナナを上手にキャッチする様子も見ていて楽しい。これを見るために早起きするのも悪くない。レイクガーデンを散歩しながら動物園に向かいましょう。

🕐 8:00〜18:00、20:00〜23:00
大人RM16、子どもRM8
大人RM20、子どもRM10
（ナイトサファリ）

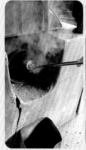 

b 安東咖啡
Antong Coffee Factory ▶ MAP／P157-C1

1933年創業。マレーシア最古の焙煎(ばいせん)工場と言われており、その当時から引き継いだ道具を今でも使っている。午前中に行くと作業の様子を見学可能。コピ（ローカルコーヒー）だけでなく、砂糖やマーガリンなしのアラビカ種やインスタントコーヒーなど、品ぞろえは豊富。最近、コーヒーソフトクリームも新登場。工場脇には孫文が内縁の妻と過ごした家も残っている。

🕐 8:30〜17:30

c ペラッ博物館
Perak Museum ▶ MAP／P157-D1

1888年設立。マレーシア、そして東南アジア初の博物館。動物学や民族学が学べ、先住少数民族・オランアスリに関する展示も。

🕐 9:00〜17:00 休 第一月曜
入館料：大人RM5、子どもRM2

d マックスウェル ヒル
Maxwell Hill ▶ MAP／P157-D2

1884年、この丘の上にイギリス人の保養所が建てられた。以前は車での送迎があったが、土砂崩れにより復旧未定。現在は3時間のハイキングでのみ丘に登頂できる。

ひと足延ばして

クアラセパタン エコツアー
Kuala Sepatang Eco Tour ▶ MAP／P157-D2

タイピンから車で約20分のところに、クアラセパタンという漁村がある。マレーシア初の鉄道はタイピン駅と港町ポートウェルドを結ぶ約13kmの商用鉄道だが、現在もこのポートウェルド駅跡が村内に残っている。マングローブ森林の間を流れるセパタン川のクルージングツアーで大自然を満喫しよう。ワシの餌付け、水上集落への上陸、養殖所の見学、蛍鑑賞のほか、マラッカ海峡と河口に住むホエールウオッチングなどのツアーがある。詳細は右記に問い合わせを。

☎ 012-566 5860
（フェイスブックからの問い合わせも可。
1時間クルーズ：1人RM25〜）

マングローブの炭工場
Kuala Sepatang Charcoal Factory
▶ MAP／P157-D2

1930年代に創業。マングローブ保護地区近くにある炭工場。今も昔と変わらぬ製法で炭作りが行われている。樹齢30年以上のマングローブを窯に並べて、8〜10日間燃やし続ける。水分が蒸発しきったら窯の入り口を土でふさぎ、残り火で燃やすことさらに12〜14日。自然冷却を経て、黒く光沢のあるマングローブ炭が出来上がる。工程で抽出した木酢液は購入可能。
☎ 10:00〜17:00

マタン博物館
Matang Museum ▶ MAP／P157-D2

1858年創建。スズ鉱業で財を成した、ンガー・イブラヒムの家で、現在はタイピン内戦に関する歴史資料館になっている。内乱時は要塞として使用された。庭にはンガー・イブラヒムの墓も残る。

☎ 9:00〜17:00　入館無料

線香工場（汉龙香行）
Hun Leng Heong Hang ▶ MAP／P157-D2

寺院での催事に使われる、美しい装飾の巨大な線香を製造している。中国の伝統的な製造法を守り、全て手作業で行う。

🏠 G.R., Ujong Matang, Matang

レモンツリー シーフードレストラン
Restoran Makanan Laut Lemon Tree ▶ MAP／P157-D2

タイピンはおかゆも有名。ここの海鮮がゆはカニ、マナガツオ、フィッシュボール、エビがたっぷりと入っている。だしがきいていて、漁村も近いので鮮度がいい！

🏠 Jalan Titi Kertang, Matang
☎ 12:00〜22:00　📅 木曜

Malaysia Airlines

マレーシア航空

| **AIRLINE** |

クアラルンプール - 成田間は朝・夜便があるので旅の自由度もアップ。

マレーシアン・ホスピタリティで快適なフライトを

日本からクアラルンプール（KL）へ便利なマレーシア航空は、KLと成田（週12便）、KLと関空（週7便）の間を運航するマレーシアのフラッグキャリアです。毎日発着しているから、思い立ったその日に一っ飛び。KLがグッと身近に感じます。日本を発ってすぐに味わえるマレーシア料理、まる

で自宅に大切なゲストをお迎えしているかのような、心温まるホスピタリティ。アットホームな雰囲気に包まれたフライトは旅の緊張をほぐして、帰路はもうマレーシアが恋しくなってしまうほど。エンターテインメントが充実しているので、移動中の機内でも思いっ切りくつろいで過ごせます。

1.2. MHというマレーシア航空を表す2レター（ツーレターコード）を「単なる識別としてではなく Malaysian Hospitality（マレーシアン・ホスピタリティ）の略という気持ちでお客さまに対応しています」とのこと。ユーモアと温かみをその言葉からも感じる。**3.** マレーシア航空では、2023年11月1日より、Wi-Fi搭載の機材利用者（すべてのキャビン・クラス）を対象に、無制限の無料Wi-Fiサービスを提供している。**4.** ビジネスクラスで提供されるサテは搭乗者からも好評の逸品。**5.** クアラルンプール国際空港内のサテライト・ゴールデンラウンジ。

DATA

☎ 03-4477-4938（マレーシア航空グローバルコンタクトセンター）　月〜金9:00〜17:00
🖥 https://www.malaysiaairlines.com/jp/ja/home.html

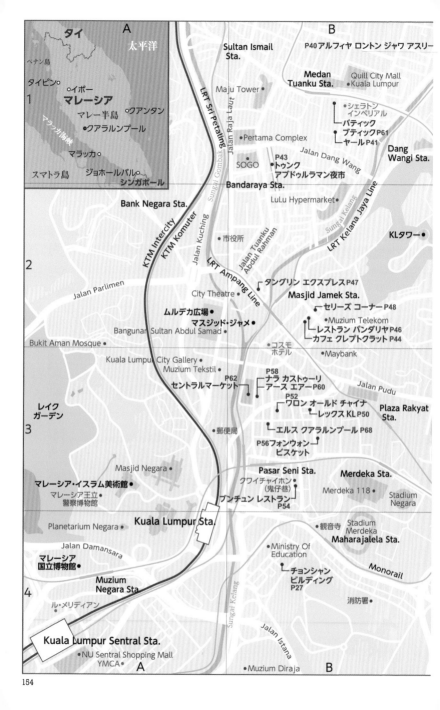

タイ
太平洋
ペナン島
タイピン○
○イポー
マレーシア
マレー半島 ○クアンタン
マラッカ海峡
○クアラルンプール
マラッカ○
スマトラ島
ジョホールバル○
シンガポール

Sultan Ismail Sta.

P40 アルフィヤ ロントン ジャワ アスリー

Medan Tuanku Sta.

Quill City Mall
● Kuala Lumpur

LRT Sri Petaling

Maju Tower ●

● シェラトン インペリアル
├ バティック
└ ブティック P61
└ ヤール P41

Jalan Raja Laut

● Pertama Complex

Dang Wangi Sta.

Jalan Dang Wang

P43
● トゥンク
アブドゥルラマン夜市

SOGO ●

Bandaraya Sta.

Sungai Gombak

LuLu Hypermarket

Jalan Gombak

Bank Negara Sta.

Sungai Kelang

市役所 ●

Jalan Kuching

Jalan Tuanku Abdul Rahman

LRT Kelana Jaya Line

KLタワー ●

KTM Intercity
KTM Komuter

LRT Ampang Line

タングリン エクスプレス P47

Masjid Jamek Sta.

Jalan Parlimen

City Theatre ●

ムルデカ広場
マスジッド・ジャメ ●
Bangunan Sultan Abdul Samad

├ セリーズ コーナー P48

● Muzium Telekom
├ レストラン バンダリヤ P46
└ カフェ クレプトクラット P44

Bukit Aman Mosque ●

コスモ ● ホテル

● Maybank

Kuala Lumpur City Gallery ●
Muzium Tekstil ●

P62
セントラルマーケット ┤

P58
├ ナラ カストゥーリ
└ アース エア P60

Jalan Pudu

レイク ガーデン

P52
├ ワロン オールド チャイナ
└ レックス KL P50

Plaza Rakyat Sta.

├ エルス クアラルンプール P68

郵便局 ●

P56 フォンウォン┤ ビスケット

Masjid Negara ●

Pasar Seni Sta.
クワイチャイホン
（鬼仔巷）●
├ プンチュン レストラン
P54

Merdeka Sta.

Merdeka 118 ●

Stadium Negara

マレーシア・イスラム美術館 ●
マレーシア王立 ●
警察博物館

Kuala Lumpur Sta.

Planetarium Negara ●

Jalan Damansara

マレーシア 国立博物館 ●

Muzium Negara Sta.

ル・メリディアン ○

● 観音寺

Stadium Merdeka

Maharajalela Sta.

● Ministry Of Education

├ チョンシャン ビルディング
P27

Monorail

消防署 ●

Sungai Kelang

Jalan Istana

Kuala Lumpur Sentral Sta.

● NU Sentral Shopping Mall
YMCA

A

● Muzium Diraja

B

154

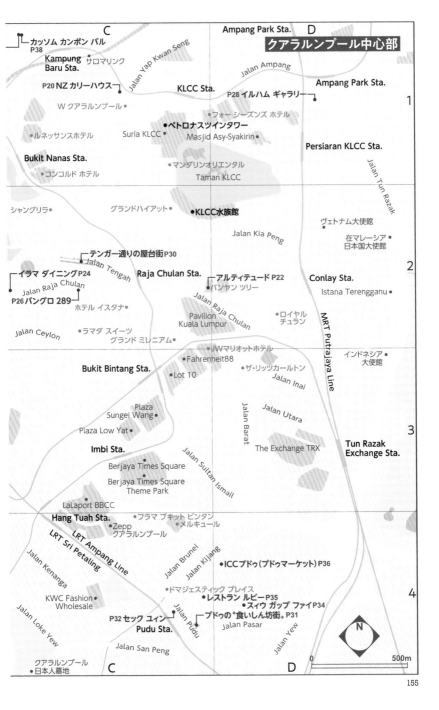

クランバレー地区

A B

Kepong Sentral Sta.
Kepong Sta.
クポンバル夜市 P43
Kampung Batu Sta.
Putrajaya Line
Port Klang Line
MRT Klang Line
Seremban Line
Desa Parkcity
Sentul Timur Sta.
Sentul Sta.
LRT Kelana Jaya Line
Mont Kiara
Putra Sta.
P43
Jelatek Sta. ジュラテッ夜市
MRT Putrajaya Line
Pusat Sains Negara
Kuala Lumpur
Kuala Lumpur Golf & Country Club
拡大図P154
ツインタワー
ムルデカ広場
Ampang Sta.
The Royal Selangor Golf Club
Kuala Lumpur Sta.
KL Sentral Sta.
Chan Sow Lin Sta.
天后宮
MidValley Sta.
Maluri Sta.
SS2 夜市 P43
Taman Bahagia Sta.
LRT Kelana Jaya Line
P64シンキー キッチン
LRT Sri Petaling
KLIA Ekspres
MRT Putrajaya Line
MBPJ Stadium
P66レストラン ウェンスーン
Sunway-Setia Jaya
P43
スリペタリン夜市
タマン コンノート夜市
P43
Taman Connaught Sta.
Setia Jaya Sta.
P43タマン OUG 夜市
Sunway Lagoon Theme Park
P65クダイ マカナンミンキー
P67ホーホー スティームボート
Bandar Tasik Selatan Sta. (TBS バスターミナル)
N
0   2km

マラッカ

A B

ザ ショア スカイタワー P103
スイス ガーデン ホテル
Stadium Hang Tuah
Plaza Hang Tuah
ザ マジェスティック マラッカ ホテル
ベイビュー ホテル
Seck Kia Eenh Temple
Vintage Night Market Melaka
ドナルド&リリー (ザ ブンダハリ) P82
Jalan Kubu
Jalan Munshi Abdullah
Malacca Chinese Methodist Church
3
P95 テンプル ストリート
カンポン クテックP103
P102 チェンフーテン (青雲亭寺院)
カンポン ウルモスク P103
トンビーズ ストール P83
P80ヘンホンティンキー レストラン
トレジャーズ ホテル アンド スイーツ
P98リュウメン ホテル
ホッキエン フエクァン (福建会館) P103
P92T.S. リム トレーディング
カンポン クリンモスク P103
Jalan Tun Tan Cheng Lock (Heeren Street)
スリポタヤ ヴィナヤガールムーティ寺院 P103
P81アンティ コー チェンドル @ シャンアン コピティアム
Sungai Melaka
ロロン ジャンバタン P84
シン ヒャップ ビン P78
P103チー一邸宅
P96パパハウス&ピアノジュエルラウンジ
ピンビン ヒョン レストラン P77
P94カラー ビーズ
イースト&ウェスト ランデブー P75
P88パパ&ニョニャ ヘリテージ博物館
サイード アンティーク&カフェP76
セントフランシス ザビエル教会P103
P90レッドハンディー クラフト
ジョンカーウォークの夜市 P86
ヒンロン台湾ヌードル P74
マラッカキリスト教会 P103
パパチャーリー カフェP72
オランダ広場
Masjid Tengkera
ファイブヒーレン ミュージアムレジデンス
トライショー (乗り場) P106
拡大図
P100
マラッカ要塞ギャラリーP103
オランダ広場
キーサイド ホテル
マレーシア建築博物館
セント・ジョンの砦
セントポールの丘 P103
Mahkota Parade
リバークルーズ (乗り場) P106
P104ポルトギース スクエア
P103
マラッカ海洋博物館
P103サンチャゴ砦
独立宣言記念館
4
マラッカ海峡モスク
サンメイヒョン サテハウスP79
マラッカ・タワー
Parameswara Jetty
Jalan Merdeka
N
0   1km
0   200m

※クランバレー 地区は、クアラルンプールを中心に隣接する市や町を含めたマレーシアの都市圏。
エリア内を流れるクラン川にちなんで「クランバレー」と呼ばれている

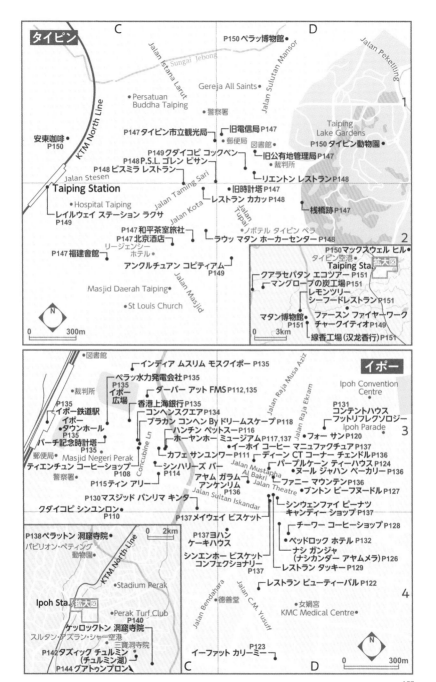

タイピン

C

Jalan Istana Larut
Sungai Jebong

KTM North Line

P150 ペラッ博物館

Jalan Sultan Mansor

D

Jalan Pekeliling

Gereja All Saints

• Persatuan
Buddha Taiping

• 警察署

安東咖啡 •
P150

P147 タイピン市立観光局
郵便局
図書館

旧電信局 P147

旧公有地管理局 P147
裁判所

Taiping
Lake Gardens

P150 タイピン動物園

1

P149 クダイコピ コックベン
P148 P.S.L. ゴレン ピサン
P148 ビスミラ レストラン

Jalan Stesen

Taiping Station

Jalan Taming Sari

Jalan Kota

• Hospital Taiping
レイルウェイ ステーション ラクサ
P149

P147 和平室旅社
P147 北京酒店
リージェンシー
ホテル

P147 福建會館

アンクルチュアン コピティアム
P149

Masjid Daerah Taiping •

Jalan Masjid

• St Louis Church

N

0   300m

リエントン レストラン P148

旧時計塔 P147
レストラン カカッ P148

Jalan Tupai

桟橋跡 P147

ノボテル タイピン ペラ

ラウッ マダン ホーカーセンター P148

2

P150 マックスウェル ヒル
タイピン空港 • **Taiping Sta.**   拡大図

クアラセパタン エコツアー P151
マングローブの炭工場 P151
レモンツリー
シーフードレストラン P151
マタン博物館 P151
ファースン ファイヤーワーク
チャークイティオ P149
線香工場 (汉龙香行) P151

0   3km

イポー

• 図書館

インディア ムスリム モスクイポー P135

ペラッ水力発電会社 P135
P135
イポー
広場

ダーバー アット FMS P112,135
香港上海銀行 P135
コンヘンスクエア P134
ブラカン コンヘン By ドリームスケープ P118
ハンチン ペットスー P116
ホーヤンホー ミュージアム P117,137
カフェ サンユンワー P111

Jalan Raja Musa Aziz

Ipoh Convention
Centre

P131
コンテントハウス
フットリフレクソロジー
Ipoh Parade

フォー サン P120

イーホイ コーヒー マニュファクチュア P137
ディーン CT コーナー チェンドル P136
パープルケーン ティーハウス P124
ヌール ジャハン ベーカリー P136

3

• 裁判所

P135
イポー鉄道駅
イポー
• タウンホール
バーチ記念時計塔
郵便局 • P135
Masjid Negeri Perak
ティエンチュン コーヒーショップ
P108
• 警察署 P115 ティン アリー

Jalan Raja Ekram

Jalan Mustapha
Al Bakri

ファニー マウンテン P136

Concubine Ln

シンハリーズ バー
P114

アヤム ガラム
アンケンリム
P136

Jalan Theatre

ブントン ビーフヌードル P127

P130 マスジッド パンリマ キンタ

Jalan Sultan Iskandar

シンウェンファイ ピーナツ
キャンディー ショップ P137

クダイコピ シンユンロン
P110

P137 メイウェイ ビスケット

チーワー コーヒーショップ P128

ベッドロック ホテル P132

P138 ペラットン 洞窟寺院

パビリオン・ペティング
動物園 •

0   2km

KTM North Line

Ipoh Sta. 拡大図

• Stadium Perak

Perak Turf Club
P140
ケッロックトン 洞窟寺院
スルタン・アズラン・シャー空港
三寶洞寺院
P142 タズィック チュルミン
(チュルミン湖)
P144 グアトゥンプロン

C

P137 ヨハン
ケーキハウス

シンエンホー ビスケット
コンフェクショナリー
P137

Jalan Bendahara

Jalan C.M. Yusuff

• 德善堂

イーファット カリーミー

ナシ ガンジャ
(ナシカンダー アヤムメラ) P126
レストラン タッキー P129

レストラン ビューティーバル P122

• 女媧宮
KMC Medical Centre •

P123

N

0   300m

D

4

157

あとがき

　2023年6月のこと。愛車ジムニー（SJ413マニュアル車）で、高速道路を一切使わず、マレー半島地区を一周する14日間の旅に出ました。マレー半島地区海岸線の総延長距離は2,068kmですが、端から端までくまなくドライブして、計3,113kmも走行しました。総延長距離を1,000km以上も上回ったのは寄り道したり、行き止まりにぶつかったり、辺鄙なところを走り給油所が見つからず、町まで逆戻りしたから。

　私は、フリーペーパーのライター業に携わった15年間にマレーシアの各地を訪問しました。特集のお題にまつわる地域へ赴き2〜3泊滞在。ご当地グルメを食べ、名所に行き、地元の有識者を取材するという形でマレーシアを見聞しました。ところが今回の車旅の目的は2週間で半島地区を一周すること。見どころには目星を付けて綿密な計画を立てましたが、食事は行き当たりばったり。ひたすら突っ走る旅でしたが、よりマレーシアの各地の様子をのぞくことができたように思います。

　州をまたぐと町の雰囲気が変わります。河口をたどり各地の博物館を訪れるとその州の発展の経緯を知ることができ、文明や王国を守るための戦略や武器、要塞の造りなど、その史実は共通していますが州ごとに伝え方や捉え方が微妙に異なることに気づきます。それを踏まえて独自の慣習や文化的特徴を知ることができました。名所や遺跡などに夢中に

なり食事を逃してしまうこともしばしば。地方の食堂はランチなど食事時のみの営業が多く、仕方なくコンビニ飯で済ませることも。かと思えば適当に入った一見ぼろぼろの店がとんでもなくおいしかったりと毎食運試し。ですが、100%確実においしいものが食べられるのが市場と道路脇の大樹の下にある屋台です。車を走らせながら少しずつ変化する食文化にも触れました。一方で、いくつものカンポン（村）を通り過ぎましたが、毎日16時にたき火が始まり、男たちが釣りざおを手に川へ向かう風景はどこも同じで、時計を見ずにその時間が分かるように。マレー半島の文化を目の当たりにし、温かく親切な人々と出会った旅でした。

　そう、マレーシアには魅力がたくさん。山、海、島、ジャングルなどの大自然、ペナンやジョホールバルのような大都市、知られざる歴史が残る小さな町々。そして多彩なグルメをぜひ楽しんでくださいね。

　最後に、私のとっぴな旅や取材に付き合ってくれる遊衣ちゃん、どんな僻地でも必ず現地まで足を運び取材することの大切さを教えてくださった大先輩の智子さん、いつも情報収集や仕事に協力してくれ、自由に旅へ出してくれる夫のチョン君に「ありがとう」の気持ちを記します。

2024年　栁澤順子

栁澤順子
| Junko Yanagisawa |

大阪府出身。学生時代は東南アジアをバックパッカー旅行。大学卒業後、英語力をつけるために留学先を検討し、貯金とにらめっこするなかマレーシアの英語学校が安いことを知って、2001年単身マレーシアへ。1年の滞在予定だったが中華系マレーシア人と結婚し、現在は3児の母。日本語のフリーペーパーで編集、ライター、コーディネーター業などに携わったが、現在はフリーランスで活動。www.speedmastersea.com内のブログに、マレーシアや日本での旅、食べ物などの情報を寄稿している。

企画・編集	株式会社ネオパブリシティ(五藤正樹、伊藤香)
デザイン	伊藤直子(株式会社ネオパブリシティ)
撮影	栁澤順子
地図	庄司英雄
一部画像素材	PIXTA

現地在住日本人ライターが案内する

魅惑の食文化 クアラルンプール・マラッカ・イポー

第1刷 2024年1月29日

著者 栁澤順子

発行者	菊地克英
発行	株式会社東京ニュース通信社
	〒104-6224 東京都中央区晴海1-8-12
	電話 03-6367-8023
発売	株式会社講談社
	〒112-8001 東京都文京区音羽2-12-21
	電話 03-5395-3606
印刷・製本	株式会社シナノ